走进广州好教育丛书·好学校系列

ZOUJIN GUANGZHOU HAOJIAOYU CONGSHU HAOXUEXIAO XILIE

崔海友◇著

和雅，向未来

天河外国语学校的教育之美

北京师范大学出版集团
BEIJING NORMAL UNIVERSITY PUBLISHING GROUP
北京师范大学出版社

图书在版编目(CIP)数据

和雅，向未来：天河外国语学校的教育之美/崔海友著. —北京：北京师范大学出版社，2018.10

(走进广州好教育丛书．好学校系列)

ISBN 978-7-303-23986-3

Ⅰ.①和… Ⅱ.①崔… Ⅲ.①天河外国语学校—办学经验 Ⅳ.①G639.286.51

中国版本图书馆 CIP 数据核字(2018)第 177940 号

营销中心电话 010-58802181 58805532
北师大出版社职业教育与教师教育分社网 http://zjfs.bnup.com
电子信箱 zhijiao@bnupg.com

出版发行：北京师范大学出版社 www.bnup.com
北京市海淀区新街口外大街 19 号
邮政编码：100875

印　　刷：北京玺诚印务有限公司
经　　销：全国新华书店
开　　本：787 mm×1092 mm 1/16
印　　张：15.25
字　　数：217 千字
版　　次：2018 年 10 月第 1 版
印　　次：2018 年 10 月第 1 次印刷
定　　价：39.00 元

策划编辑：郭　翔　　责任编辑：赵媛媛
美术编辑：焦　丽　　装帧设计：焦　丽
责任校对：韩兆涛　　责任印制：陈　涛

丛书编委会

好学校系列编委会

总序一

《国家中长期教育改革和发展规划纲要(2010—2020年)》提出:“办好每一所学校,教好每一个学生。”几年来,各地涌现出了一批好学校、好校长、好教师。总结和推广他们的经验,是推动我国教育改革和发展,提高教育质量,促进教育现代化的强大动力。广州市是我国改革开放的前沿,不仅有着深厚的文化积淀,而且在改革开放中敢为天下先,在教育领域积累了许多新经验。广州市教育局在《广州市教育事业发展第十二个五年规划》文件“办好让人民满意的教育”的要求下,决定组织编写“走进广州好教育丛书”,实在是适逢其时。这是对广州市多年来教育改革创新的一次总结,也是对广州市今后教育改革的一次推动。

根据编委会的设计方案,丛书拟从广州市1000多所中小学校、10多万名教师中选出10所“好学校”、10名“好校长”、10名“好教师”列入首批出版计划。他们有的是已有100多年建校历史,积淀了深厚文化内涵,至今仍然在不断创新中继续勃发着育人风采的老学校;有的是办学时间不长,但在全校教职工磨砺创业、共同耕耘下办出水平的新学校。他们有的是办学理念先进、充满活力、管理经验丰富的好校长;有的是师德高尚、业务精湛、热爱学生的好教师。总之,他们热爱教育事业、热爱每一个学生,创造了卓越的成绩,是好学校、好校长、好教师队伍中的典范。

当前，我国教育正处在由数量发展转向质量提高的转折点上。到2020年，我国要基本实现教育现代化。教育现代化的实质就是要培养现代化的人。教育要回到原点，立德树人，培养具有为国家、为人民服务的责任心，具有创新精神和实践能力，并且具有国际视野和国际交往能力的人才。教育大计，教师为本。我们的校长和教师要立足中国，放眼世界，转变教育观念，改变人才培养方式，促进教育现代化的进程。

我希望广州市在编写“走进广州好教育丛书”的过程中继续挖掘先进人物和新鲜经验，率先实现教育现代化。

2016年7月

总序 二

2014年的教师节前夕，我写了一篇《广州教育赋》，后来这篇文章在《中国教育报》上刊登了。在这篇赋中我有这么几句话："大信不约，好校长何止十百；大爱无疆，好老师何止百千；大成不反，好学生何止千万；大道不违，好学校就在此间。"中心意思是说，广州好教育是由十百千万的好校长、好教师、好学生和好学校共同铸成的。正是有着他们的大信大爱和大成大道，广州作为国家重要中心城市之一，在教育，尤其是基础教育方面，才能卓有建树，我们也才有可能推出一套"走进广州好教育丛书"。

在这篇序言中我想表达三个朴实的想法。

第一个朴实的想法是，一座城市的教育发展单靠一两所名校，几位名师、名校长是支撑不起来的。能够为这座城市源源不绝地提供人才智力资源的应该是有那么一大群校长、一大批教师和一大拨学校。他们形成一个个各具怀抱的优秀群落，为这座城市辈代不绝地做着贡献，那我们就要为这一个个优秀群落树碑立传。对于广州这样有着将近1500所中小学的特大型城市而言，我们特别有理由这样做。正是有着他们的大信不约(《礼记·学记》)——真正的信义不需要盟约，他们才会在每一所学校不断坚守；正是有着他们的大爱无疆——博大的仁爱无边无际，他们才会为每一个学生殚精竭虑；正是有着他们的大道不违(原为"大道无违”，《晋书·嵇康传》）——不违背教育的使命与历史发展的规律，他们才会为每一个进步中的时代进行着生动的背书。有了他们，才会有一座城市的教育；有了他们，才会有一座城市的发展。有人要问，这套“走进广州好教育丛书”出齐会有多少册？老实说，我也不能确定。这第一批推出的30册只是一个开始，但我相信，只要这座城市在发展，属于这座城市的教育大赋就一定不会有画上句号的时候，它一定会以这样或那样的形式展现出来。

第二个朴实的想法是，对于基层教育工作者来说，我们真正需要掌握的教育规律和教育法宝就那么几条，如果我们钻进教育思潮的各种主义与模式的迷宫中不得而出，那就容易忘记教育最基本的追求。几年前，广州一个区的教育论坛请来了顾明远先生，顾先生在论坛上说：“没有爱就没有教育，没有兴趣就没有学习。”我们深以为然。教育理论当然有很多，都值得我们认真学习，其他不讲，仅“因材施教”和“有教无类”两条，在我们的教育实践中是否做到了？我相信，如果我们做到了，那我们就有可能进入好教师、好校长、好学校的序列。所以，在这套丛书中，我们特别看重的是重返教育现场，讲好教育故事，今往兼顾，名特相谐。丛书所列既有杏坛前辈，也有讲台新秀；既有百年老校，也有后起名品；各好其好，好好共生。早在100多年前，广州教育就已经在现代化进程中开风气之先。比如说鼎鼎有名的万木草堂，20世纪20年代开辟新学堂；再比如说最早在广州推行开来的六三学制。在当下的教育大格局中，广州教育自然也不能落后，要有广州的好教育。

第三个朴实的想法是，好教育需要有一个好的教育生态。习近平总书记说：“我们的人民热爱生活，期盼有更好的教育。”我们要努力办好让人民满意的教育，那这个教育上的“好”应该体现在哪些方面？除了上面提到的好学生、好教师、好校长、好学校之外，好的教育生态应该是一个必不可少的要素，这其中的一个重要标志就是能够形成尽可能多的教育共识。我们组织编写这套“走进广州好教育丛书”，一个目的就是通过展示我们的教育实践来推动形成更多的教育共识：原来在我们这座城市，在我们身边，就有这些好的教育，值得我们称赞，值得我们珍惜。我们的教育要全面上水平、走前列，这行进过程中积累起来的好教育基础就是我们不断奋力前行的保证。

最后，作为这套丛书的策划者，我要特别感谢北京师范大学出版社，我仍记得三年前，时任北京师范大学副校长的杨耕同志领着北京师范大学出版社的朋友们和我们讨论这套丛书编写出版规划时的热烈情景；另外，我要特别代表广州市教育局感谢顾明远先生为本套丛书作序；还要感谢总主编吴颖民先生以及华南师范大学、广东第二师范学院、广州大学的分册编委的专家团队，正是有他们的认真组织和每一位分册作者的孜孜以求，这套丛书才得以和各位读者见面。

2016 年 7 月

目 录

MULU

第一章

理念：和雅君子，世界公民

广州市天河区有一座新城，叫珠江。倚江傲立的珠江新城，深得珠江水之灵气，现已成为颇具影响力的三大国家级中央商务区之一。

这里的海乐路 9 号，坐落着一所年轻的学校，红砖青瓦，毗邻花香扑鼻、格调沁心的珠江公园，充满东方意蕴，汇聚西方精华。她，就是创立于 2012 年 3 月的广州市天河外国语学校。她是天河区政府重点打造的，立足天河、服务广州、辐射广东的公办全日制、寄宿制完全中学。我们亲切地叫她——天外。

放眼望去，教学楼的红砖之上，镶嵌着办学理念“和雅君子　世界公民”八个大字。古典镂空的围栏之中，绿色藤蔓参差错落，旁逸斜出；红色小花迎风绽放，仿若谈笑着天外的不凡：理念先进、环境优雅、师资雄厚、学生优秀、质量超群、外语领先……

虽然，天外才只有 6 岁，但是，她却以高瞻远瞩的教育理想、开拓创新的教育姿态、纵览国际的教育视野、激扬生命的教育情怀，取得了令人惊异的教育成果。她，虽然年轻，却已负盛名；又因为年轻，所以不断进取。

天外不是传奇，但正在一笔一画地书写着传奇！

一、立身城央的办学定位

20世纪80年代初，广州市政府制定了城市中心东移的总体规划，在旧城组团和五山组团之间，正式圈定了一块占地6.44平方千米的珠江新城板块。

那时的珠江新城，只有农田交错的自然村，是一处典型的岭南水乡，小桥流水石板路，古榕古祠古书院，有着明信片般的美丽风景和怀旧式的休养生息方式。

如今，珠江新城遍布鳞次栉比的高楼大厦、雅致多样的高档小区，是华南地区最大的中央商务区、唯一的世界商务区联盟成员、粤港澳服务贸易自由化示范基地，并正在向洲际级中央商务区迈进。

就在这样的中央商务区中，天外寻了一片静谧之地，栖身于海乐路9号，怀揣国际范儿的梦想，演绎传奇校的精彩。

(一)天外要有国际范儿

随着经济的发展，中国对世界的影响越来越大，中国人变得越发自信起来。我们常说，实现中华民族的伟大复兴，离不开教育的发展。

国际形势的变化，引起天外人的思考：究竟要培养什么样的人，才能更好地适应未来社会，并为促进社会的发展贡献力量?

在珠江新城中央商务区气势恢宏的高大建筑群旁，在高科技人才聚集的珠江边，天外探索着，成长着。

1. 高端居所，需配优质教育

珠江边的珠江新城，经过十几年的蓄势，终于破茧成蝶。目前，珠江新城高楼林立，布局有序。这里有华南第一高楼、中国大陆第二高楼广州国际金融中心，有中国第一高塔广州新电视塔，有广州第三高楼广晟国际大厦，有广州新建的七大标志性建筑广州大剧院、广东省博物馆、广州图书馆……无数高楼交织出一座玻璃之城。有人说，这里就像一个“盛满珍宝的容器”。

珠江新城，作为广州的金融中心、高端服务业中心、文化中心和跨国公司总部中心……聚集了大批外资企业和跨国公司，使天河区的国际化水平急剧提升。这里，就像中西文化的“蓄水池”，传统文化与现代思潮彼此碰撞，东西方文化相互交融，兼容并蓄。

(1)教育对区域发展的影响

教育是经济的发动机，是经济发展与转型的动力和内核。享誉世界的美国硅谷的高速发展，就得益于教育的发展。美国的斯坦福大学、西北理工大学、圣塔克拉拉大学等高等学府，为硅谷的发展提供了大量优秀的人才。教育对地区发展的影响如此，对国家发展的影响更是如此。美国国民生产总值中高科技含量达80%，日本为75%。高科技发展需要高水平创新人才，而高水平创新人才有赖于教育的培养，尤其需要从基础教育抓起。

从微观角度来看，一座城市的品位，往往取决于居民的文化素养。新加坡是国际公认的花园城市，环境整洁而宜人，这是新加坡全体公民良好素养的体现。这样的素养是怎样形成的呢？据了解，新加坡将环境卫生教育纳入中小学课程，从娃娃开始抓起，针对幼儿园、小学、中学的不同特点编制了不同的教材，并确保课程的实施。

教育助推经济，为经济发展提供源源不断的智力资源。天河区政府深谙此理，在加快经济发展的同时，也在设计如何发展区域性教育，尤其是中小学基础教育。天外，就在这样的深思熟虑、谋篇布局之中，纳入天河发展的轨迹。

(2)教育对天河发展的促进

一个区域要实现长远发展，离不开优质的人力资源，而教育的存在就是为了培养人才。教育事业，对一个区域的发展而言，既是硬环境，又是软实力。

天河区政府曾在其工作报告中提出和描绘了要创建广州国际商贸中心核心区、世界文化名城中心区、智慧广州先行区、花园城市样板区和幸福广州示范区的战略目标和宏伟蓝图。要真正实现理想中的天河发展，当然离不开教育。因为，只有靠经济支撑，靠教育拉动，靠文化提升，靠法律保障，各层面联动，天河才能确保其全面和谐发展，实现其战略目标和宏伟蓝图。

天河区被称为广州市的高校区、高科技密集区。天河区本专科院校、科研单位、大中型企业和文化场所高度集中，拥有800多家科技企业，300多家三资企业，各类科技人才20000多人，堪称广州第一人才大区。高层次人才为天河区社会经济的发展，提供了有力的智力支持。

为了获得永续发展的不竭动力，除了吸引人才、引进人才之外，天河区还下大力气培养人才。学校是人才培养的摇篮，人才培养是学校的职责。天外，义无反顾地担此重任。

(3)居民对优质教育的诉求

今天的珠江新城中央商务区，以其优质的资源、高雅的环境、出众的气质，不仅吸引了全省、全国的优秀人才，也吸引了众多国际精英，成为国际资本的“强磁场”。广州市第十四届人民代表大会代表指出，据不完全统计，仅居住在珠江新城的外籍人士就达10000人之多。这里，精英荟萃，卧虎藏龙。

外籍人士除了有对教育国际化的需求外，还有对本区域本土文化理解的需求。但是，天河辖区内却没有知名的且规模较大的外国语学校。

从聚集在珠江新城的高素质人才的角度来看，他们希望自己的子女接受更高端、更优质的教育。从外籍人士的角度来看，他们希望自己的子女接受与国际接轨的教育，尤其看重英语语言能力的培养与英语国家文化的熏陶。他们对教育的要求是启发创新思维，认同多元文化，抢占国际前沿。

天河区要想守住人才高地，让高素质人才扎根于此，必定要提升教育品质，以特色教育吸引人才、留住人才。无疑，打造一所高端的国际化的外国语学校，势在必行。

天河区要打造花园式的城市样态，就要提高居民的素养，就要注重教育对人的培养。为此，在珠江新城创立优质高效的外国语学校，既是时代对优质教育的呼唤，是高素质居民的渴盼，也是天河区实现区域发展的急切需求。

担负优化中央商务区经济环境的特殊使命，承担留住世界500强企业高管的特殊任务，天河区政府重点打造了天外这所外国语学校，并予以政策倾斜，时刻关注学校的发展动向。

2. 杰出人才，需有创造能力

经济全球化趋势的加快，影响着世界经济的发展，影响着国际关系的发展。世界正在变成一个“地球村”，我们正在经历一场前所未有的社会大变革。为了顺应时代的发展，天外要做国际范儿，面向未来培育杰出人才。

(1)钱学森之问

自1901年开始，诺贝尔奖已经颁发了100余次。2012年，莫言获得诺贝尔文学奖；2015年，屠呦呦获得诺贝尔医学奖。在此之前，诺贝尔奖颁奖典礼上迟迟不见中国本土人的身影。这期间，大家对中国的教育有了诸多反思，甚至质疑。

对中国教育的质疑，著名物理学家钱学森早已提出。2005年，钱老曾感慨：“回过头来看，这么多年培养的学生，还没有哪一个的学术成就能够跟民国时期培养的大师相比。”钱学森认为，现在中国没有完全发展起来，一个重要原因是没有一所大学能够按照培养科学技术发明创造人才的模式去办学，没有创新，老“冒”不出杰出人才。

为什么我们的学校总是培养不出杰出人才？这就是“钱学森之问”。这个问题带给我们怎样的启示呢？

第一，究其原因，我们要看到国外对创造力的重视。

21世纪初，亚太经济合作组织就开始探讨21世纪人才所需要的核心能力，为此，还专门成立了人才培养委员会。他们一致认为，21世纪的学生须掌握的核心能力和技能包括：批判性思维能力、创新能力、分析和解决问题的能力、终身学习能力、团队合作能力、自我管理和自学能力。

许多西方国家认为，教学应该强调学习过程，重视学生的兴趣和个性，重视其问题解决能力的培养。

在现实中，东方国家在数学、科学方面的基础比较好，而在创新人才培养方面，西方国家则形成了比较明显的特色。作为东方国家，我们深刻感到需要加强学生创造能力的培养，包括质疑的能力，发现问题、提出问题以及解决问题的能力。

第二，调整理念，我们要改变对创造力的认识。

人们总会对自己没有或缺乏的事物感到陌生，甚至还会产生崇拜的心理。对于创造力，多数人都觉得它很玄妙，有些人甚至认为它是天生的。然而，创造力不是与生俱来的，也不是少数人的特殊才能，而是绝大多数人都拥有的潜能，只需后天进行培养、引导和激发。

“钱学森之问”主要针对的是大学教育，而创新型人才的培育，需要也应该从基础教育到高等教育，连续不断地进行。我国心理学家林崇德教授在近二十年的研究之后认为，从小学到高中，每一阶段都对青少年创造力的形成有着非常重要的影响。通常情况下，一个人到了高中阶段，其科学创造力就趋于定型了。如果等到定型以后，我们才开始关注创造力，才开始培育创造力，人的创造力的形成就会大打折扣。天外深知如此，在教育教学各个层面、各个细节中，都注重对学生创造力的培育，而且，还开发并实施了专门的创新思维课程。

(2)敢为人先，创新培养机制

传统教学主要以教师的说教式授课为主，教师大量利用封闭式的问题，强调记忆和背诵。这种教育方式，对学生的创造力无疑是一种扼杀。

在美国著名教育学家拉尔夫·泰勒看来，“教育的基本手段是提供学习经验，而不是向学生展示各种事物”。学生是学习活动的主动参与者、学习活动的主体。教师只需构建适合于能够启发学生能力与兴趣的情境，为学生提供有意义的经验，从而让学生主动进行学习。

天外积极深化课程改革，不断探索最适合学生学习与成长的教育教学方式。在这样的思考与改革过程中，天外最终决定采取与一般学校的传统教学不一样的，诸如小班化教学、小组合作教学、先学后教……这些以学生为主，从学生的角度设计，真正把课堂还给学生的培养方式。

第一，小班化教学。

英国教育家洛克说："每一个人的心灵都像他们的脸一样各不相同。正是他们无时无刻地表现自己的个性，才使得今天这个世界如此多彩。"丰富的个性发展，是创新能力的源泉。知识经济时代是一个创新的时代，它需要大量个性化人才来支撑。天外强调尊重个性，正视差异，鼓励学生的个性化发展。

为了避免陷于传统教学模式的恶性循环，避免学校成为一个"标准化生产"学生的工厂，天外坚定不移地实施个性化教学，缩小班级规模，以 30 人的小班取代传统的大班。同时，为突出外语教学的特色及优势，天外在初中英语教学中实行 15 人的小小班教学模式。

天外是广州市全面实施小班化教学的先行者，推行与国际接轨的小班教学模式，标志着教育由粗放时代进入精致时代。但是，如果仅仅是班额的减少，还不能确保教育质量的提升。天外不断探索、研究小班化教学模式，以确保有效地实现面向学生个体的精细化管理、等距离教育，让每个学生都能享受到优质的教学资源，获得最佳的发展。

在小班化教学模式的探索过程中，天外构建了"自主、合作、互动、和谐"的课堂氛围，催生师生内在的生命激情，还原课堂质朴的本真，让课堂效果最优化。天外的课堂已经成为点燃学生智慧火花的圣地，成为点燃教师职业热情的圣地。

小班化教学模式

第二，小组合作教学。

小组合作教学，是相对于个体而言的一种教学组织形式，是小组或团体内一种有任务定向的、有明确责任分工的互助性教学方式。其实质是集众人之力，解决个体困难，培养学生的协作精神和集体主义精神。

在推行新课程改革的过程中，小组合作教学是天外普遍采取的教学模式。小组合作教学是一种新的教学模式，每一位天外的教师都在进行探索与改进。在小组合作教学中，教师、学生以及小组长之间应该构成怎样的关系，物理学科的王鸿老师在看到一档电视节目时，受到了启发：课堂上有三个主体——教师、讲课学生(小老师)、听众学生。这与座谈类节目相类似，主体也是三个——主持人、来宾、观众。如果教师把自己定位为主持人和节目制作人，把课堂当作一档节目来进行制作：确定主题、分配任务、把控课堂节奏，在学生回答受阻时及时解答，当小老师有知识型错误时及时订正，将课堂变成舞台，让物理课变成一场展示，使学生成为舞台上尽情展示的明星，这样的课堂将十分吸引人。

在天外的课堂上，教师鼓励学生大胆探索问题，自由表达思想，尤其注重探索最适宜的课堂氛围，以培养学生的创造力。在长期的实践过程中，天外形成了“和合活力，动静雅趣”的课堂文化，全体师生在课堂中共同进步，收获快乐，体验成功。

小组合作，把课堂还给学生

第三，先学后教。

学习习惯和学习能力，是校园生活中最基础的也是学生最需要掌握的。如何让学生在这些方面得到迅速提升？天外人有自己独到的见解：在每节课的学习实践中，学生先学，教师再教；在日复一日的锻炼和巩固之下，这一良好的学习习惯和主动学习的能力将伴随学生一生。

对于学科学习，天外对学生的具体要求是：先“独学”，再“群学”。

独学，即独立学习。对于新的知识内容，学生先自学，排除已经了解的知识，找出仍有疑问的知识。

群学，即群组学习。带着“独学”阶段产生的疑问，学生在课前以 6 人小组的形式进行交流，互相解决问题。群学分为三个阶段：第一阶段是“对学”，学生进行一对一的交流；第二阶段是“组学”，“对学”不能解决的问题，就放到第二阶段的 6 人小组中继续讨论；第三阶段是“群学”，6 人小组还不能解决的问题，全班参与讨论解决。在 6 人小组学习完成后，每个小组会有一个成员在讲台上发言，此时，其他小组可以提问、发言，教师也可以以“学生”的身份进行提问。

从 1 人的“独学”，到 2 人的“对学”，再到 6 人小组的“组学”，最后到全班交流讨论的“群学”，这就是先学后教的基本学习流程。几轮学习下来，学生的大部分疑问都能够得到解决，自主学习能力不断得到提升，发现问题、解决问题的能力也在无形中得到提高。

在这一学习过程中，教师要进行三次学习情况跟踪。第一次是对学生的“独学”成果进行跟踪，第二次是深入各个小组进行观察，第三次是对学生在讲台上的发言进行分析。以这三次跟踪为基础，教师再进行教学，针对性就非常强了。

从一人自学到多人交流学习，从学生讲解到教师评价，这是天外课堂的基本模式。一堂 40 分钟的课程，学生的学习活动占主要时间，教师讲解变成主要由学生担任的“小老师”来讲述。这，就是天外“先学后教，以学定教”的课堂教学改革。把课堂还给学生，让课堂充满生命活力，是天外所坚持的课堂价值观。这一教学模式，深刻突出民主、自主、合作、探究的理念，有效回应了当下信息社会对教育提出的新挑战，实现了更高程度的“有教无类，因材施教”的教育理想。

第四，对外交流国际化。

作为一所国际化的外国语学校，天外坚信“眼界决定境界”，积极践行“走出去”的办学方针，不断开展对外交流，增强与世界的对话，开阔学生的国际视野，让学生的学习生活更加丰富、更加欢乐。

天外开设了世界公民课程，每年暑假期间选拔优秀的教师、学生到美国哈佛基地、英国剑桥基地和牛津基地进行学习与交流。

表 1-1 所呈现的是天外师生 2015 年暑假去往英国牛津基地开展学习的行程安排。

表 1-1　2015 年牛津大学中学生夏令营行程安排

时段 时间	上午	下午	晚上
第一天	抵达英国	到达牛津大学，参加特色欢迎仪式	入住学院，熟悉环境
第二天	开营式：分班测试和课程介绍	游览牛津大学，熟悉牛津大学的环境	休息

续表

时段 时间	上午	下午	晚上
第三天	英语课：学写英文明信片 英语课：介绍古堡和莎士比亚故居	参观牛津大学基督教堂(Christchurch)学院	了解牛津大学的历史
第四天	英语课	社会实践课题：市场调研	编排结业式节目
第五天	英语课	在牛津大学撑船游览——牛津最独特的活动之一，亲身体验如诗般的意境	团队活动：搭建塔
第六天	畅游剑桥大学城、国王学院、几何桥，举行“再别康桥”泛舟活动	畅游剑桥大学城、国王学院、几何桥，举行“再别康桥”泛舟活动	参观游览总结与回顾
第七天	游览英国中世纪的教堂城市索尔兹伯里、欧洲最老塔钟、世界文化遗产——巨石阵等	游览英国中世纪的教堂城市索尔兹伯里、欧洲最老塔钟、世界文化遗产——巨石阵等	参观游览总结与回顾
第八天	英语课	牛津大学图片调研与竞赛	了解英国及牛津的著名历史事件和人物
第九天	牛津大学教授亲自授课，并讲解牛津大学申请的注意事项及流程	牛津大学名人及诺贝尔知识小调研	英文电影之夜
第十天	游览伦敦著名景点白金汉宫、大本钟、国会大厦	游览著名景点威斯敏斯特大教堂、大英博物馆	伦敦游览总结
第十一天	英语课：关于伦敦	组织各种体育活动	发放结业证书并联欢
第十二天	离校		

除了“走出去”，天外还践行“引进来”的办学方针，积极引进国际资源。

2013 年 10 月，剑桥大学出版社教育教学顾问加文·比格斯先生莅临天外，开展了主题为“中学语法教学中的国际先进资源和教学的结合”的英语知识讲座。

2013 年 11 月，美国领事馆语言文化专家、华南师范大学基础教育培训与研究院高级英语语言学者、PRT 项目外国专家、英语语言学博士克里斯托弗·黑斯廷斯来到天外，开展了“文化冲击(Culture Shock)”的主题讲座。

克里斯托弗·黑斯廷斯在天外开展讲座

2013 年 11 月，来自瑞士的心理学和教育学专家来到天外，为全校教师带来了“有效教学与有效学习——瑞士与欧洲的教学质量与教师教育改革及启示”的主题讲座。

2013 年 11 月，与天外缔结姊妹学校的剑桥文理中学波士顿校区的历史教师给天外参加双语教学实验的师生讲授公开课，课后与教师们进行教学探讨。

2013 年 12 月，澳大利亚路易·希尔学校国际教育部主任一行来到天外访问交流。

2014 年 3 月，美国圣安东尼奥山学院的保罗来到天外进行访问。

此外，天外与英国国王学院、剑桥文理中学波士顿校区、美国愉快谷高中、美国科罗拉多斯普林斯基督学校、美国夏洛特基督教学校等，缔结为姊妹学校。

立身高端居所，天外自创办之日起，就定位于办国际范儿的品牌学校，以优质的教育满足区域经济发展的需要和居民对教育国际化、多元化的需求，助力天河区教育走向国际化、多元化。

为培养杰出人才，天外自创办之日起，就以敢为人先的精神，开启课程改革，探索小班化教学、小组合作教学、先学后教等创新做法，进而成就办学品牌。

(二)天外已成传奇校

自 2012 年 9 月创办以来，天外风雨兼程，曾两度借址于其他学校。面对外界的一次次质疑，天外积极应对，勇往直前。到目前为止，虽然只有短短几年的办学历史，但是天外已书写了传奇。

依靠追求卓越的理念、高远坚定的目标和脚踏实地的行动，以及超凡的师资团队和校园精神文化，在名校林立的广州，天外已成为优质学校的代名词。

1. 天外风雨路

万事开头难，新事物的产生总是不容易的。天外的创办，一路风雨，一路荆棘。在一个个困难和挫折面前，天外选择了迎难而上。在历经漂泊之后，天外快乐地生活在珠江边。不久的将来，天外还将新建高中部，开启新征途。

(1)三年两度借址办学

2012 年 4 月 28 日，天外全面启动了“小升初”招生宣传工作。不到一个月的时间，天外招生筹备组的 5 名成员在校长崔海友的带领下，高质量地完成了招生前期的所有工作，吸引了市区近 5000 名学生前来报名。在历经多项流程之后，天外招满了 6 个班，共 180 名学生。

正当大家觉得可以松一口气的时候，一阵电话铃声打破了办公室的宁静。原来，在某知名教育论坛上，出现了一个质疑天外为“三无学校”(一无校舍、二无师资、三无经验)的帖子。外界的传言动摇着人心，相当一部分家长甚至已经写好申请准备退学，形势岌岌可危。在这样的关键时刻，崔校长果断决定召开家长会。

2012 年 6 月 26 日，面对全体学生家长，崔校长逐一陈述天外之长，同时也直言天外所面临的困境。通过这次家长会，家长们看到了一位将困境当成磨砺，将阻碍当成希望的校长。崔校长激昂的教育理想和情怀，先进的教育教学理念，以及对学生的真诚、对教育的热诚，感动了家长，留住了学生，最终化解了这次招生危机，让天外重新回到正轨之上。

在创办初期，天外没有自己的校舍，天外人用自己对教育的热忱与对学生的热爱，努力提升着教育环境。几年间，天外辗转于三个校址，由最早筹备起始的广州市南国学校，到第一个校园——广州市第四十七中学五山校区，后又由于学生数量增多搬迁至渔沙坦校区。

开办前四年，天外的管理人员和教师一直为校园建设发愁，整整四个暑假都忙碌于规划设计、工程施工等硬件建设和室内功能场室优化设计，为的就是让每一位天外学子在开学时都能享受到优质的教育教学环境。

（2）真正的天外家园

虽几经搬迁，但守正笃实，天外对典雅和美校园的向往与追求，从未停歇。

2015 年 9 月 1 日，在大家的翘首企盼中，在师生和家长的热切关注下，漂泊办学三年多的天外正式启用珠江新城校区。800 多名师生终于开启了在自己的校区学习、生活的新历程。这是广州市天河区自 1985 年建区以来，唯一一个由区政府完全自主规划、立项、建设并推动启用的校区。

无人机航拍天外珠江新城校区

如今，当你寻至珠江新城海乐路 9 号，看到的就是天外的新校区：南面主要为珠江公园，北面为誉峰、龙凤苑等高档住宅小区，西面为猎德涌。天外占地面积 2.22 万平方米，行政楼、教学楼、图书馆等均为 5 层建筑；宿舍则为两栋 7 层建筑，内有热水、空调等；食堂共 4 层，能够为全校师生提供宽松的就餐环境。

天外教室均配备交互式教学设备，有科学探究室、外语情景室等功能教室，有室内游泳池、羽毛球馆、篮球馆、网球场、健身室等健身场所，还有国学文化长廊、国学大厅、模拟联合国、汽车实验室、酒店情景室、创客空间等特色文化场室。

(3)开启未来广阔征途

与之前动荡的办学历程相比，如今的天外已经完全步入正轨，但我们并不安于现状，故步自封。

“生于忧患而死于安乐”，居安思危才能保持不竭动力，获得长远发展。处于急速发展上升时期的天外，已经开始展望未来，构筑更为磅礴的教育梦想。天外未来的发展方向，已日渐清晰。

天外于 2012 年开始招收初中生，于 2015 年开始招收高中生。位于海乐路的天外珠江新城校区，虽然能够容纳六个年级的学生，满足师生的生活、学习需要，但也已经趋于饱和。为满足天河区乃至广州市居民对外语特色教育的强烈需求，天河区将新建天外高中部。在不久的将来，天外将实现初中部与高中部在不同校区办学，给学生提供更为充足、舒适的学习活动空间。

目前，天外高中部选址于天河区东北部天河国际教育园区北面，建筑面积 8 万平方米，总规模为 60 个教学班。

天外高中部将“沿用并叠加”珠江新城校区已取得的办学经验，以外语为学科特色，引入国际先进的教育思想和优秀的教师团队，培养中西兼容、个性鲜明、具有国际视野的创新人才，助推天河区成为广州市建设国际科技创新枢纽的核心区。

2. 天外创佳绩

《荀子·劝学》中言及："不登高山，不知天之高也。"站在巨人的肩膀上，天外看得更广、更远。

天河区政府在对地域优势的充分理解之下，坚持高起点、高标准、高质量，欲谋划和创办一所与其地位相匹配的学校。天外担此重任，立志能够像珠江新城一样，一崛而起，迸发出强劲的生命力，成为特色鲜明、质量优异、东西方文化兼容、国际化与民族化并重的品牌学校。天外用自身的实力，为自己代言。

(1)水到渠成传捷报

天外凭借"和雅教育"的理念、接轨国际的小班教学模式，在2012—2013学年上学期天河区期末统考中，获得天河区总平均分第一名，比区属中学第二名高出100多分，领跑天河区教育。

2015年首次参加广州市中考，天外学子总体成绩又领跑广州市：在总分810分的中考中，全校学生平均分为734.69分，近半学生在740分以上。2016年中考，天外平均分为740.50分，位居广州市第一；2017年中考，天外以平均分729.80分的成绩再次夺冠。

教育家苏霍姆林斯基曾指出，学习、上课、完成作业、经常得到分数——这一切绝不应当成为用来衡量、评价一个人的唯一的、概括一切的尺度……应当使学生通过亲身体验，深信人们是用许多尺度来衡量他的，是从各个方面来看待他的。中考成绩只是学校办学成效的一个侧面体现，学生的素养才是天外最注重的。

作为一所外国语学校，与非外国语学校相比，天外有怎样的特色与特长，这既是家长们关心的问题，也是天外关注的焦点之一。在天外，学子们得到全面发展，既能扎根于中华民族文化，在汉字听写大会等比赛中屡获佳绩；又能深入数理化的学习，在理科类竞赛中频频获奖；更能获得多样化的外语浸润，在英语听说读写能力方面得到不断提高，从而成为文理兼备、中西融通的时代新人。

第一，初中生英语比赛佳绩。

英语读写能力的展现——

2013 年 5 月，“21 世纪杯”全国中小学生英语读写大赛正式拉开帷幕，天外学子欧娟伶、谢楚洋一路披荆斩棘，获得广东省复赛一等奖、全国决赛三等奖的好成绩；天外也因此获得了“全国中小学生英语读写大赛决赛（初中组）优秀组织奖”的荣誉称号。

英语演讲能力的彰显——

2013 年 1 月，第 11 届“21 世纪杯”全国中小学生英语演讲比赛广东赛区决赛举行，天外学子刘朝阳、苏心怡，分别获得特等奖冠军和季军；其中，刘朝阳同学还作为初中组唯一的选手，代表广东赛区参加了全国总决赛；随后，刘朝阳同学不负众望，与来自全国各地（包括香港、澳门）及海外的其他 39 名选手展开激烈角逐，最终获得全国二等奖的好成绩。

2014 年 3 月，在第 12 届“21 世纪杯”全国中小学生英语演讲比赛广东赛区决赛中，天外学子再创佳绩，代表学校参加广东赛区决赛的 6 名同学全部获奖。其中，谢依纯同学获得特等奖冠军，并代表广东赛区参加全国总决赛。在 2014 年 5 月举行的中央电视台“希望之星”英语风采大赛广东赛区的比赛中，谢依纯同学再次代表天外参赛并获得金奖。

2014 年 12 月，在第 13 届“21 世纪杯”全国中小学生英语演讲比赛广东赛区决赛中，天外派出 4 名选手参赛；其中，唐佳艺同学获得特等奖亚军，潘柏乐同学获得特等奖季军，其他两位同学分别获得一等奖和二等奖。

第二，高中生英语比赛佳绩。

2016 年 12 月，经教育部正式批准的我国唯一的中学英语全国性权威学科竞赛——全国中学生英语能力竞赛（NEPCS）举行，天外高中组学生取得了优异成绩：王星月同学获得高二年级组一等奖，此外，还有 6 名学子分别获得二等奖和三等奖。令人欣喜的是，这项比赛的成绩被全国高等学校自主招生认可。

斐然的英语成绩和累累的硕果背后，是学生们的辛苦付出，是学校与家庭的共同努力，也是天外对学生英语能力采取科学方式培养的结果。

第三，创新思维大赛成绩。

在创新思维的培养上，一系列相关比赛的优异成绩是最好的见证。连续三年，在广东省DI创新思维大赛中，天外学子斩获初中组一等奖、二等奖。在亚太区DI创新思维国际邀请赛中，天外学子代表广东省从240多支代表队中脱颖而出，获得全国初中组一等奖(全国仅2支代表队获此殊荣)，并取得美国总部于2013年5月举办的由66个国家和地区参加的DI创新思维全球总决赛的入场券。

在广州市首届头脑奥林匹克创新思维大赛(简称OM竞赛)中，天外的2支代表队首次参赛就全部获奖，分别获得广州市一等奖和二等奖。2013年，天外的7支代表队中有3支获得广州市一等奖，其他代表队分别获得二等奖和三等奖。在第29届、第30届广州市科技创新大赛中，天外学子共获得一等奖1项、二等奖2项，并获得天河区一等奖8项、二等奖5项、三等奖1项。在2014年广州市青少年科技创新精神和实践能力展示活动总决赛中，天外有5名学子获得一等奖(占总人数的1/3)，个人单项获奖人数占总人数的1/6，学校也因此荣获优秀组织奖。2016年，在广州市青少年科技创新精神和实践能力展示活动中，天外的12名初中生获得一等奖(广州市共28人获得一等奖)，约占全市一等奖获奖人数的42.9%。

天外学子内外兼修，既扎根中华经典文化，又深谙国际交流规则。在2014年“中国汉字听写大会”选拔赛广州市决赛、广东省决赛中，天外学子初试锋芒，取得广州市第一名、广东省第二名的好成绩。他们文理并重、个性鲜明。在第18届、第19届全国“华罗庚金杯”少年数学邀请赛初赛中，天外学子获奖数位居广州市外国语学校类第一。此外，在广州市中学生法律知识竞赛、广州市“放眼未来”科技周青少年科技创意作文大赛、广州市科技创新大赛中，天外学子均获得佳绩。

自创办以来，天外捷报频传，彰显特色与实力，先后荣获“天河区特色学校”“广州市公办外国语特色学校”“广州市特色学校”“广州市安全文明校园”“广州市先进集体”等荣誉称号。

这些“高颜值”的成绩单背后，是天外人对国际化办学梦想的深耕和不懈追求。对于每一个天外人来说，这是一种鼓舞与肯定，也更坚定了我们前进的方向。凭借天外人的开拓精神、创新能力，天外一定能打造出南中国的优质教育品牌。

(2)国际性英才教育

得天下英才而育之，是所有教师的梦想；为英才打造成才的平台，是天外的价值追求。

在顺应时代潮流的发展过程中，天外提出实行国际性跨文化的英才教育，并出台了《国际性预备英才培养方案》。

什么是“预备英才”？天外人这样说：预备英才，既指具有先天早慧的禀赋和发展潜力的学生，更指后天受到良好教育和智力、能力、情感、志向、理想开发的学生。

天外的学生是从天河区众多优秀小学毕业生中选拔出来的学子，他们生性聪慧，很早便接受启蒙教育，接受能力强，家庭教育严格，有良好的学习习惯，且具备较强的外语基础，有自己的兴趣特长等，他们是“英才”的雏形。

首先来看英才培养模式。

在外语方面，天外采用全国外国语学校联盟的教材以及其他外语教材，强调培养学生口头、笔头运用外语的能力，并聘请外籍专家，配备先进的电化教学设备。在教学方法上，天外吸取国外各种流派的长处，结合国情，不断摸索、总结，改变传统的翻译法和纯语法的教学方法，形成了一套注重训练学生语音语调、听说领先的“启发式情景教学法”。除此之外，天外还倡导“走出去，请进来”的办学方针，加强国际交流。

在外语特色之外，天外的语文学科开展大阅读分享活动，政治学科进行时事政治教育，数学、物理、化学等学科注重学生讲题能力的培养，生物等学科增加实验操作以增强学生的动手能力，在课堂实践中全面打造“英才平台”。

为了拓宽学生的知识面，天外开设了第二外语（含法语、德语、日语、西班牙语四种）和外语选修课，如报刊阅读、外国文学、世界历史、各国概况等课程，以增强学生的国际理解力；同时，天外还开设了多门类的选修课和兴趣小组，如国际金融知识、公共关系学、科技英语、世界风土人情、古代爱国诗词选读、唐诗、红楼梦讲座、文明礼仪课等。

在活动课中，天外成立了学生党校、学生记者团、文学社、模拟联合国社团、音乐剧社、漫画社、电脑社、话剧社、影评小组、书法组、素描组、管乐队、合唱团、钢琴组、食品雕刻组、手工艺组等，丰富了学生的课余生活，提升了学生动手、创造、解决问题的综合能力。

为了开展多形式办学，天外开办了国际部，为国际社会培养涉外人才。此外，天外斥巨资，开设了大学先修班、理科兴趣班，尝试培养通晓外语、理科较强的复合型人才。

再看来英才教育的成效。

学生是学校教育服务实施的对象，是教育理念实施的证明，天外的国际性英才教育究竟取得了怎样的成果，这可能要等到几年、十几年以后才能知晓。这是天外所践行的终生教育理念的延展；这要看看从天外走出的学生，在人生的道路上，在对社会发展的贡献上，究竟做出了怎样的贡献。

如果实在等不及，要知道它的实施情况，那就来看一看在国际性预备英才教育模式培养下学生的感想，毕竟，这也可以算是一种阶段性的成果。天外学子宋天惠这样写——《天外天，心无边》。

天外天，心无边

天外的校园不大，没有辽阔的操场，没有幽深的校道，却可以远眺小蛮腰，近赏珠江美景。天外的历史不长，没有百年的积累，没有岁月的沉淀，却可以承载我们的希望，放飞我们的梦想。

回忆过往，初中时懵懂的我，怀揣着一颗充满好奇和热情的心，参加头脑奥林匹克创新思维大赛和DI创新思维大赛，沉浸在与伙伴们共同努力、不断创新、攻克难关的快乐中。那时，我第一次真正体验到创新的力量。同样是用吸管运送木条，不同的结构，就会有不同的运送方式，亦有不同的运送效率和失败概率。于是乎，结构上的创新设计就成了这其中最为关键的一环。

放眼现在，我怀着对科研的向往和对化学世界的极大兴趣，在学校和老师们的鼓励和支持下，参加了广东省中学生英才计划。通过英才计划，我得以接触到大学的教育资源，与大学的老师们、学长学姐们面对面地交流、学习；我得以像真正的科学家那样，发现并研究一个问题，看文献，做实验，体验科研生活的苦与乐；我得以参加各种各样的课外实践活动，参观太空科技南方研究院，去黑石顶进行野外生物考察，开阔视野，延伸课外生活的广度。

在这一过程中，我了解到许多前沿科技，意识到科学是一个不断探索、不断更新、不断完善的过程，感受到了个体的渺小与科技的伟大。这一切，让我认识到，我们的梦想需要平台，需要实践，需要考验。好的平台能给我们更多的机会和挑战，实践的过程能将我们的梦想带进现实，而失败的考验能检验我们的勇气与执着。

展望未来，无论是我还是天外，前行的道路都还很长，我们的梦想也才刚刚开启。未来的迷雾中，有机遇亦有挑战。但我相信，只要保有最初的理想与信念，坚持不懈地追随着自己的好奇心和求知欲，不惧怕将来，把握好现在，定能在通往梦想的路上走得更远，站得更高。

站在天外的教学楼上远眺，松软的白云衬着湛蓝的天空，无边无际。天外天，心无边。我对天自问：既是青春年少，何不怀揣梦想，放手一搏？

以国际视野培养国际人才，才是真正的国际范儿。注重学生的创造能力，才能培养出创造性人才。种瓜得瓜，种豆得豆。只要用心浇灌，生命之树便能开出绚烂的繁花。天外，以对至真至美的教育教学的不懈追求，点亮着学生的生命，锻造着梦想的舞台，擦亮着办学的品牌。

二、心向未来的教育情怀

诗人舒婷在《这也是一切》中写道：“一切的现在都孕育着未来，未来的一切都生长于它的昨天。希望，而且为它斗争，请把这一切放在你的肩上。”过去的教育，培养了现在的我们；我们现在开展的教育，培养着面向未来的孩子。教育，必须指向未来。

天外在短短几年的办学历程中就创造了奇迹，因为从一开始它就秉承着“和雅教育”的情怀，用现代管理思想对学校发展进行顶层设计，就像渔夫捕鱼一样，在下海前，编织了一张细细密密的网，然后再一步步地撒向各个海域。这张天外教育网的纲与领，就是“和”与“雅”。

(一)用“和雅”立校

1999 年 5 月，杨振宁教授在北京师范大学举办了一场讲座。他说，中国的教育哲学和西方的教育哲学大不相同，西方培养的学生兴趣广泛、勇敢、自信、有闯劲、傲慢、自大，培养方式是非连续的、跳跃的；而中国培养的学生相对来说知识面窄、胆怯、缺乏自信、消极，但是学生谦逊、有礼貌，培养方式是连续的、按部就班的。

那么，在中国，有没有可能培养出兴趣广泛、自信勇敢、创造力强而又谦虚有礼的学生呢?

为了实现这种教育理想，天外一开篇，就以“和雅教育”构建起符合时代要求和区域特征的先进的办学理念。

1. 理念先行，树立旗帜

对一个人而言，制订属于自己的发展规划并适时进行调整，是比较容易的。对一个团队而言，困难则会加大。对于一个学校而言，如果没有确立好办学的核心理念，在发展过程中就会出现很多问题，这些问题积少成多，最终就会阻碍学校的发展。

教育理念是人们追求的教育理想，是建立在教育规律的基础之上的。科学的教育理念是一种“远见卓识”，它能正确反映教育的本质和时代的特征，为教育实践指明方向。

（1）倡导核心理念

天外虽然是一所新学校，但是绝大部分教师都有着丰富的教学经验，领导层也是由天河区政府精心挑选出来的，都是有经验的教育工作者。

校长崔海友，自1994年1月担任完全中学校长开始，先后在6所中学担任校长、书记。从安徽某完全中学校长，到广州市天河中学党支部书记、天秀中学校长、东圃中学校长，再到现在的天外，在20余年的校长生涯中，他取得了不少佳绩。

孔夫子曾教导后人要善于学习：“择其善者而从之，其不善者而改之。”有着多年教育经验的崔校长发现，当一所学校对自身的发展认识模糊，缺乏办学的核心理念，没有“主心骨”之时，就会出现一系列问题。具体表现为：

学校理念表述繁杂。理念细目有相互重叠的，有相互背离的，有互不相干的，而学校发展的核心理念是什么却不得而知。

终极目标不明晰。目标繁多，学校各部门都有相应的目标，诸如德育目标、后勤管理目标、特色教育目标等，而学校追求的最高目标却无人知晓。

学校发展缺乏系统整合。学校内各部门之间各自为政，不能形成合力，学校发展理念与实际运作相背离。学校“硬件”设计与“软件”设计不匹配，物质文化不能彰显非物质文化。

为了避免出现以上问题，创办之初，在崔校长的带领下，天外就十分关注学校发展的“顶层设计”。

“会当凌绝顶，一览众山小。”登高才能望远。顶层设计是当今世界先进且科学的设计方式。无论成功的建筑，还是庞大的工程，抑或社会发展事业，无不采用顶层设计。

天外将“和雅教育”作为教育特色，历经了社会调研、反复研讨、科学论证等过程。在学校创办之初，天外管理层多策并举，内引外联，不仅到省内外各大知名外国语学校考察整体办学情况，学习办学经验，而且进行专题考察，针对天外的实际情况，提出学校的办学思考。除此之外，天外还大量吸纳大学专家教授的智慧，征求师生意见建议，通过多方论证来打造“和雅教育”体系。

2012 年 3 月至 5 月，历时两个多月，结合中华文化的理念精髓，根据区域特点和外国语学校的定位，天外最终将“和雅君子，世界公民”确立为办学理念。围绕“和雅教育”，天外构建起了学校的顶层设计。

(2)树立和雅旗帜

办学理念是引领一所学校健康发展的灯塔。天外以“和雅”为办学的核心理念，其提出缘由有三。

第一，和雅——广州历史传承的选择。

广州有 2000 多年的历史，是中国南方最大的、历史最悠久的对外通商口岸，也是闻名世界的海上丝绸之路的起点之一，有着“千年商都”的美誉。自古以来，广州就与众多闭塞的内陆城市不一样，它早早显示出独特的开放包容的城市品格，以“和而不同，兼容并蓄”的多元价值观，接纳来自世界各地的多元文化。

天河区，早在新石器时期，就已经有人类在此居住。位于广汕公路的飞鹅岭和龙眼洞村，曾经出土了大量的石器和陶器，被称为“广州第一村”，这印证了天河区悠久的历史和丰厚的人文资源。在天河区，优秀的民俗文化，如粤曲、粤剧、舞狮、赛龙舟、猎德大鼓、乞巧文化等，得到了很好的传承，也焕发了时代的魅力。如今，天河区较好地保留了历史建筑群，如明德堂、北帝庙、潘文治将军故居等。在长期的历史进程中，天河区也不断地融合了来自中原的主流文化与岭南本土文化，形成了多元文化早期融合的面貌。

中国实行改革开放之后，新生的体育文化、时尚文化、IT 文化，又形成了天河区特有的现代都市的优势文化品格。辖区内的各类地标性文化建筑，使得传统与现代在这里融合，世界多元文化与中国本土文化在这里汇集。

天河区域特质中的开放、包容、融合，正体现了“和而不同，兼容并蓄”的城市文化品格。将“和雅君子，世界公民”作为天外的办学理念，是天河区历史传承与时代变迁的选择与结果。

第二，和雅——天河社会需求的导向。

天河区自 1985 年建区以来，以兼收并蓄的姿态迎来各路英才。从第一代移民到 21 世纪的海归和高科技人才，源源不断的人才大军，成为铸就天河区辉煌的不竭动力。来自五湖四海的人们，将各自的文化、价值观和生活方式带入天河区，形成了这一地区内多元文化并存、充满活力的人文生态格局，天河区已经成为广州市最典型的移民城区。而“和雅君子，世界公民”顺应了经济全球化时代对人才培养的要求。

作为广州的新城市中心区，天河区具有优越的区位优势和良好的城区环境。2010 年，第十六届亚运会在天河区举办，历经亚运会的洗礼与考验，天河区居民的整体素养得到大幅提升，他们文明的举止、和雅的气度，为孩子们提供了良好的示范。讲文明，讲礼仪，举止文雅有度，都在无形之中感染着孩子们。

2012 年 3 月天外创办之时，恰逢全国“两会”召开，此时的中国也刚刚上升为世界第二大经济体。国务院发言人倡导对人民进行世界公民教育，培养其世界公民素质。

天外提出培育和雅君子，使其做世界公民的办学追求，就是希望由此衍生出的和雅文化，能够从天外开始，生根发芽，并逐步扩展到世界各个角落。

第三，和雅——兼容并包的深度内涵。

在近代中国教育史上，最为大家所熟知的改革，莫过于蔡元培先生对北京大学的教育改革。蔡元培先生担任北京大学校长，以“兼容并包，思想自由”的教育主张，呼唤“民主”与“科学”，让原本充满封建沉疴的北京大学整体风气为之一变，继而使北京大学成为至今仍享誉中国的教育名府。“兼容并包”已经成为北京大学的标志。“兼容并包”背后所蕴含的，是一种开放的心态。这一心态不仅造就了蔡元培海纳百川的宏大气度，也使北京大学拥有了放眼寰宇的战略眼光。

天外要实现长远发展，不仅要为社会输送优质的人才，依靠学生将学校发扬光大，学校自身也要有可圈可点的作为，让学生因学校而倍感自豪。

人们常说：“万变不离其宗。”学校的发展也是有迹可循的。天外从北京大学成功的办学经验出发，从中吸取有利因素。对一所学校而言，开放的心态是必备之物。“和雅教育”之中的“和”，就具备“和而不同”的意思，体现了一种包容的姿态。为此，天外择取“和雅”作为学校办学理念的内核，“雅”是在“和”的基础之上形成的外在气度，“和雅”是统一的整体。

世界公民，是尊重不同文化的公民，是懂得思考个人与世界的相互关系、认识全球发展与本土以及个体发展关系的公民。这些，也是天外学子应该具备的素养。因此，天外将培育既能海纳百川、博采众长，又有丰富知识、创新能力、高雅气质、鲜明个性；既具民族情怀，又有国际视野的“和雅君子”和“世界公民”作为办学的价值追求，以此引领学校的可持续发展。

2. 和雅教育的框架

“和雅君子　世界公民”，光是听上去，就给人以美好的感觉。但是，要怎样才能把它落到实处，让全体师生都向着这一目标奋斗呢？

为了让“和雅教育”真正引领学校特色化发展，天外紧紧围绕“和雅君子　世界公民”的办学理念，从管理、课程、课堂、德育、教师、学生几方面，进行顶层设计，描绘出“和雅教育”的美好蓝图，进而致力于营造出“中西交融，具有国际理解力和文化包容度”的和雅文化氛围，铸造“和雅教育”品牌。

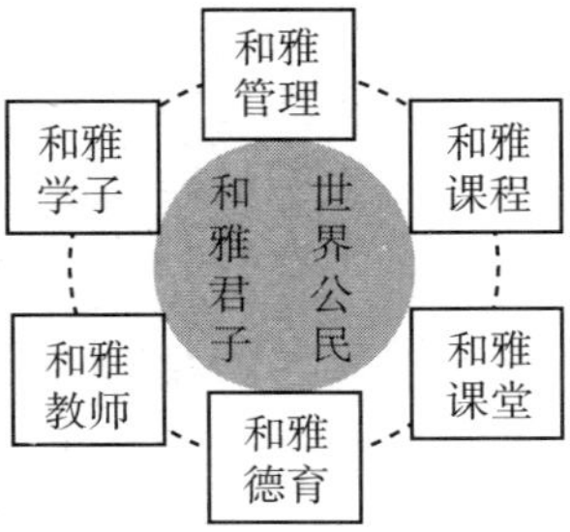

天外和雅教育结构图

（1）和雅管理

管理文化是一所学校凝聚力和活力的源泉。在天外，随着和雅管理探索的不断深入，无论教师还是学生，均日有所学、日有所进；学校管理者知人善任、兼听善问，形成一种各雅其雅、人文赏识的学校文化氛围；校内师师、生生、师生真诚互助、接纳包容。

第一，加强学习，提高管理素质。天外的行政干部除了定期参加集体学习外，还自学现代管理学、管理心理学等知识，以提高管理水平；向名校、名家学习，博采众长，不断充实自己，拓宽眼界、开阔心胸；以身作则，用人格的力量感动他人、影响他人。

第二，依章治校，规划学校发展。天外借鉴优秀外国语学校的办学经验，并结合实际，制定了一系列规章制度，汇编成《广州市天河外国语学校办学规章》，还制定了《广州市天河外国语学校五年发展规划（2012.9—2017.9）》，以确保各项工作的有序开展。

第三，开放强校，争创特色名校。天外通过多元合作办学、加入“全国外国语学校研究会”、引进国外课程和教材、与国外学校缔结姊妹学校等方式，采取校际互访、教师出国研修、专家教授进课堂、家长参与学校管理等措施，提高办学的开放度。

（2）和雅课程

课程是学生成长的沃土。作为一所公办全日制外国语学校，天外严格执行教育部颁布的义务教育阶段课程计划，开齐课程，开足课时，保证学生和谐、全面发展。如今，天外的课程已形成三大特点。

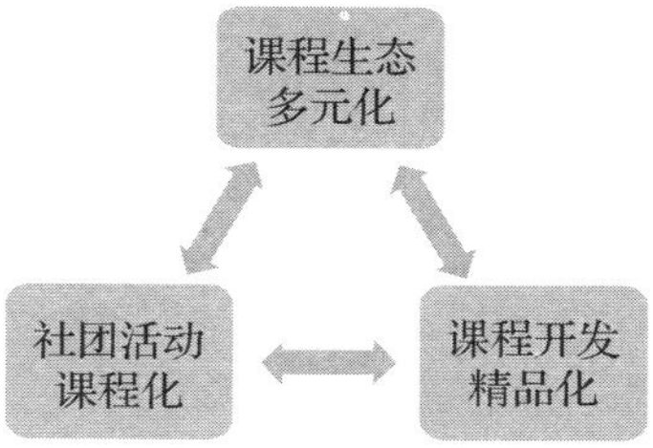

天外课程特点示意图

第一，课程生态多元化。

课程生态强调自然、社会和人在课程体系中的有机统一，使自然、社会和人成为课程的基本来源。因此，自然即课程、生活即课程、自我即课程，便成为现代课程生态观的基本命题。

在课程价值取向上，天外的课程生态真正确立起了系统整体、尊重差异、提供选择的思想，以及动态发展的课程观，切实处理好人与人、人与自然、人与社会的辩证关系，落实了“和雅”理念。

在课程内容上，天外的课程生态达到了“科学世界”与“生活世界”的和谐与统一，以及人文科学课程（跨文化交际系列）与自然科学课程（创新实践系列）的整合。

在课程实施上，天外的课程生态注重教学双方在平等基础上的对话与沟通，使学生在体验性、合作性、探索性的框架下进行自主学习，并且在学习过程中建立起民主、平等、对话的新型师生关系。

课堂掠影一

课堂掠影二

第二，社团活动课程化。

天外通过建立社团管理制度，保障对精品社团软环境和硬环境的支持，组织社团指导教师开发教材，撰写课程纲要，并强调动态发展的理念，淘汰准备不足、组织无序、效果不好的社团。

学生社团建设，如和雅商学院、英语配音社、英语演讲社、美食社、文学社、极视天外等，为学生提供了充分的自我创新空间。

航模社展示活动

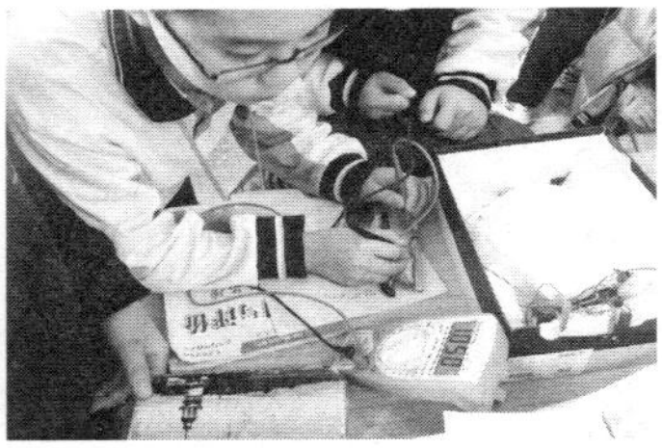
科学社自制电池活动

模拟联合国校内会活动

摄影社校内活动

多姿多彩的社团活动

第三，课程开发精品化。

随着课程的实施与开展，天外研发了一批成熟完善的课程，修订出版了《和雅养成》《世界公民课程》《创新思维》《外语特色课程》《适性规划，扬帆起航——中学生生涯规划》《经典教育校本教材》系列校本教材共 6 类，并研发了与课程配套的网络资源以及慕课、微课课程等。

(3)和雅课堂

课堂是教育教学的主阵地，是学生智力生活的主要领域。课堂教学质量的高低，不但影响教师传授知识和培养学生能力的质量，而且影响学生学习习惯和道德思想的形成。

天外秉持“和合活力，动静雅趣”的课堂教学理念，打造“催生学力，广纳百家”的课堂文化，让课堂充满人文关怀、充满和谐、充满雅韵，成为师生情感交流的舞台、生命成长的地方，以培养出“和而不凡，雅而越己”的天外学子。

然而，在推行“和雅君子课程”和“和雅课堂”的过程中，曾有一段“小插曲”：

课程和课堂“危机”

那是创校之初的2012年下半年，天外的领导和教师们以为化解了招生“危机”，就可以松口气了，不料一位家长无意透露的“消息”，一下子让领导和教师们把心提到了嗓子眼儿。

学生家长委员会成员和一批初一学生家长在某酒店开会，针对占了相当一部分学时的“和雅君子课程”和异于传统、未经验证过的“圆桌小组课堂教学”展开激烈讨论，而且家长们意见分歧很大。

天外领导高度重视，家长们对学校课程和课堂有如此大的质疑！得不到家长认可，学校谈何发展！教师有何信心教学?！崔海友校长立即组织召开家长会。在家长会召开之前，崔校长先在师生中间展开问卷调查，想看看“和雅君子课程”和“圆桌小组课堂教学”有没有“深入人心”。做好了这一步，在家长会上，崔校长没有提家长委员会在酒店开会的事，而是结合学校理念和对师生的问卷调查结果，请学生现场谈感受，用事实说话，最终化解了这一场课程和课堂“危机”！

(4)和雅德育

陶行知先生曾指出，道德是做人的根本，是建筑人格长城的基础。人以德为先、以能为本。青少年正处于求知欲旺盛、精力充沛的人生阶段，他们需要释放精力的场所和对象。初高中阶段是他们树立人生观、价值观的最佳时期。

天外德育导师制，使导师关注学生的差异性发展，促进学生在导师的指导下主动地、富有个性地学习、成长，给学生提供了充分展示自我的机会，为学生的终身发展奠定基础。

学生社团和第二课堂活动的开展，为“文理兼重”开辟了实践与检验的平台。文学社、摄影社、动漫社等20多个学生社团，涉及文学、绘画、音乐、社交、体育等众多领域。

与大外语课程相辅相成，学生通过外语短剧表演、外语时装秀、外语辩论赛、英语演讲赛等校园外语活动，使自身的外语素养得到不断提升，充分展现自我。各类实践活动，是发挥学生主体性的多样化的学习方式。

学校以“和雅德育”落实“和雅教育”，引领学生以“和养自主，自正雅行”为主线，以主题班会、综合实践活动和社团活动为载体，让学生在自主参与、实践体验中进行自我引领，快乐成长，彰显个性并发挥特长。

来自贵州省大方县第三中学的跟岗后备校长梅益军，是这样记录天外德育导师制的：

别开生面的天外德育导师制

学习三周后，按事先安排，周三下午有家长会。我以为家长会就是班主任把本班学生家长带到某个教室，先说一下学生的大体情况，再进入家长提问环节。我来到阶梯室，看见家长们竟然坐在那里听崔校长讲话。讲话结束后，我准备挑一个班级去听家长会，没想到家长们三三两两散开了，我顿时有点儿懵，不知道该去哪里，我还以为家长会开完了呢。因为有不少学校开家长会就是宣传学校，将其当作一项留生源工作。宣传完也就结束了。

我赶紧拉住一位老师问：“家长会开完了？”

他说：“没有啊，现在才开始。”

我问：“那家长都去哪儿了？”

他说：“跟着导师去了解学生情况了。”

我问："不是跟班主任了解情况吗？"

他说："班主任也是其中一位导师，一个班有五六位导师。每位导师负责五到十名学生。这是德育导师制。"

我恍然大悟，这才跟着其中几位家长，一起去了某位导师那里。整个过程下来，我发现导师对学生的了解真是透彻，提出的意见也相当精准，真是太棒了！于是，我心里有个疑问：那些导师是怎么做到的呢？

导师与家长们交流学生情况

事后我了解到，德育导师制要求每位导师每周至少与学生谈心一次，及时了解学生的思想状况，在学习时间、学习方法等方面帮助学生制订切实可行的计划；建立指导学生成长的档案袋，记录所带学生成长过程中的闪光点和不足点，对症下药，帮助学生制定改进和发展目标，并指导其完成；每月与家长联系，及时与家长沟通，帮助和指导家长进行家庭教育；建立导师工作记录袋，记录师生活动的全过程。

天外开展的德育导师制，以"每一位教育工作者首先是德育工作者"的理念，形成"全员育人、全科育人、全程育人"的良好育人模式，并成立以班主任为核心、任课教师为成员的导师组，在学习、生活、品德和心理方面，为学生提供全方位、个性化的指导和帮助。

(二)把“和雅”说清

在建校初期，天外就将学校的特色主题确定为“和雅教育”。那么，天外的“和雅教育”究竟是怎样的教育呢？和，是哪里的和？雅，又雅在何处？

1.“和雅教育”的解读

一千个读者，就有一千个哈姆雷特。万千事物，多元多样，人们对其认识也各有不同。对于“和雅教育”，天外有自己的理解。

(1)“和雅”本义探源

“和”的理念最早出自儒家。《论语·学而》篇中有：“礼之用，和为贵。先王之道，斯为美；小大由之。”小到个人修炼，大到治理国家，都要达到“和”的境界。个人要“心平气和”，国家要“政通人和”。“和”是中国哲学中一个很重要的概念，出现在人们视野最多的“和谐”一词，就是“和”的注解之一。

在儒家经典中，“和”主要为“和而不同”之意，即在和谐、宽容、包容中提倡个性化差异。在多元化的现代社会，在复杂的价值互动中，每个主体价值最大化的路径既不是泯灭自我，也不是扼杀他人，而是与他人“和而不同”。

“雅者，正也。”在古代，“雅”代表贵族阶层主流文化特征，同时，也是传统士大夫必须要具备的修养。《荀子·荣辱》中有“君子安雅”一说，“雅”是对正直、对高尚美德的追求，“正而有美德者谓之雅”。古代擅长琴棋书画，懂得品茶论道的人，常被称为“文人雅士”。可以说，“雅”是一种高贵的精神气质、一种文化品位、一种理想追求，它意味着品格高洁、美丽大方、隽秀、精致。在西方，“雅”是人们对于“elegance”(高雅)的追求，是一种外在美与内在美的兼具。

天外提炼的和雅文化，是数千年来中国传统文化中最精髓的部分，是一种高尚的民族精神。对于天外而言，“和”为立人、立学、立教、强校之根基，“雅”是激发潜能、完善道德、提升修养、展示品位的途径。

“和”是内在修养，是核心，是中西方文化的契合点，意味着对多元文化的宽容与包容，对个性的尊重与认同。“雅”是“和”的外在表现，是归宿，是中西文化的共同价值观，在中国文化中是“儒雅(君子)”，在西方文化中是“文雅(绅士)”，都意味着追求真理、高尚、卓越、完美。以和促雅，以雅养和，是高度的完美统一。

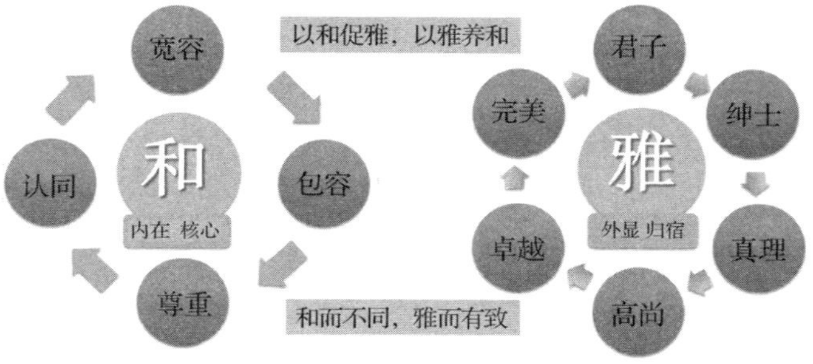

“和雅”本义示意图

(2)对学生的期盼

谦谦君子，温润如玉。玉的光芒凛于内而形于外。雍容自若的神采，豁达潇洒的风度，不露锋芒，不事张扬，宠辱不惊，去留无意。

提出“和雅君子，世界公民”的办学理念，正是天外对学子内在气质风度的期盼，代表着天外人对和谐统一、高尚美好的教育形式和教育品质的追求。

“和雅君子，世界公民”——明确清晰地诠释了天外对“将学生培养成什么样的人”这个问题的回答。那便是，“和而不凡，雅而越己”的高尚君子，拥有世界视野与胸襟的高素质公民。天外提倡的是君子，而非圣人，因为圣人是一种苛求，而君子是人人都可以做到的。

“和雅教育”本身是一种素质教育。天外实施“和雅教育”的终极目标，就是培养并造就德、智、体、美、劳诸方面全面和谐发展，具有内在文化素养、外在雅正气质的“和雅少年”。

“和雅教育”的核心是实现人的全面和谐发展。天外注重内外兼修、中西交融，注重培养学生的文明素养、公民责任、合作意识、国际视野和实践能力，这也是当今中国基础教育着力倡导的。同时，作为一种从中国文化传统出发的教育，在今天多元文化的世界格局中，“和雅教育”更能体现出中国教育的独特魅力。

江苏省第28期普通高中校长任职培训班的一位学员，在听了天外初二(6)班的主题班会课后，把自己的感受写了下来：

“和雅”的魅力

学生对时间的把控相当到位，语言组织能力很强，而且整个活动都是学生自己组织的，很考验学生的团队协作能力。在我们学校，即使是高二学生也达不到这样的程度。可见，天外的“和雅”课程在对学生综合能力的提升方面是很有成效的。

我在课后问了那位小主持人：“你们事先已经开展过这个班会课了吗?”她是这样告诉我的：“没有啊，整个班会课是我和几位负责的同学组织的，还没有彩排过。”她的神态跟刚才在讲台上主持时一样，淡定、自然，让我不得不信服。

我在其他学校也听过课，那些课都是师生通力合作、精心安排的，那样的课没有丝毫“破绽”，纯粹是“表演”；而天外的课堂都是“信手拈来”的，这就是“和雅”的魅力。

(3)对教师的要求

学校教育的主力军是教师，主体是学生。只有“和之情怀，雅而进取”的和雅教师，才能培养出“和而不凡，雅而越己”的和雅学子。

“和”是一种和而不同的兼收并蓄，是一种开放包容的态度，是一种博大的目标。对于教师而言，“雅”不仅是一种雅正的修养，更是一种积淀，需要很强大的知识储备和很高的精神境界，才能达到溢于言表的“雅”。

教师要达到“和”与“雅”，并不容易。和雅教师应当具有温和、博学、高雅的特质。

温和——这是教师待人接物的态度。温和的教师对待学生、家长、同事和蔼可亲，善于以和风细雨般的方式教育学生，善于协调与家长、与同事之间的关系。

博学——这是对教师的才学要求。学习型社会要求培养一批善于学习、勤于反思的教师，他们能够通过阅读改变气质，进而逐步成长。

高雅——这是对教师的气质要求。教师要培养高尚的品德，形成高雅的情趣，成为内外兼修、德艺双馨的高雅之师。

优雅是一种素质，是教师外在形式美和内在精神美的高度融合。以儒雅示人，是教师精神气质的表现。天外的教师面对的是一群中学生。这些学生正处于心智将熟未熟的阶段，易受他人影响，他们如何待人处事，更多的是模仿身边的人。在寄宿制学校里，学生有更多的时间和机会与教师相处，教师的“雅”对学生有潜移默化的影响。教师的衣着、谈吐、气质等，都是学生的榜样。“和雅”是“立人立己”的教育，成就学生，也成就教师。

教师的“和雅”最主要的，还是深耕的专业功底和渊博的学科知识，以及由此而外化的儒雅、自信，从心所欲而不逾矩。

在天外五天的学习给黔南州跟岗学习骨干教师王瑞堂留下了深刻印象。对于与他结对子的老师——田鹰，他在实习感悟中这样写道：

我与“伯乐”的故事

为期几天的跟岗学习快要结束了，无论在生活上、工作上、学习上，我都得到了天外领导和导师的精心照顾，每一天都过得愉快充实，收获是沉甸甸的。天外的热情让我感慨万千，让我见识了天外对教育教学研究的重视。特别是田鹰老师的教学风格，让我感悟很深，让我深刻地意识到专业成长的重要性。田鹰老师自信的教态、敏锐的眼神、包容的胸襟深深地吸引着我；他渊博的知识、精湛的教学技艺、独有的人格魅力让我折服；学生们流利而完整的解题思路、快乐的学习状态、信心满怀的学习激情、聪明机智的反应，让我深切体会到新课程的优越性及可行性。这样的课堂，不仅开阔了我的视野，也使我站在了一个新的高度，从一个新的角度去理解和诠释了我所热爱的教学。

今天早上，我鼓起勇气、厚着脸皮推开了田老师办公室的门，整整打扰了他40分钟。他毫无保留地把自己的高中数学教学设计及班级管理经验传授于我，真的很感谢他。

刚来时，天外领导跟我说天外中考如何领跑广州，我下意识地认为是“掐尖”的结果；现在我不这么认为了，因为有“千里马”而没有“伯乐”，“千里马”也会变成平凡的马，天外的辉煌是一群“千里马”和“伯乐”创造的。

2.“和雅教育”的体现

天外校徽图案主体为蓝天下展翅高飞的海鸥。海鸥及其舞出的椭圆形是蓝色的，代表海洋和天空，寓意国际视野，海阔凭鱼跃，天高任鸟飞；红色的星星代表阳光，象征卓越；黄色代表创新思维。校徽造型为开放式设计，凸显中西交融、开放包容的和雅文化。校园主色调为红蓝二色，红色象征热忱、奋进、团结的民族品格，蓝色代表浩瀚的海洋和蔚蓝的天空，寓意师生具备海阔天空的胸怀和世界公民的视野。

这一校徽充分体现出天外的和雅特色。同时，在“和雅君子，世界公民”的办学理念之下，天外建立了别具一格的“一训三风”和诗情画意的校园文化，充分演绎办学理念，彰显办学特色。

文化标识

天外校徽

（1）在“一训三风”中体现和雅

一训三风，即学校的校训、校风、教风和学风。

校训是学校办学理念和办学目标的凝练，是学校办学传统和办学特色的集中体现，对于提升学校精神，规范师生行为，培育学校文化，有着独特的重要作用。

校风是一所学校各种风气的总和，是学校在办学过程中长期积淀而成的具有行为和道德意义的风气，是在校内乃至社会上具有极大影响力并被普遍认可的思想和行为风尚。

教风是教育机构在教学精神、教学态度和教学方法等方面形成的长期而稳定的教育教学风气，是一所学校生存和持续发展的不竭动力。良好的教风是一所学校崇高的精神旗帜，对学生起着熏陶、激励的潜移默化的教育作用，可以提高学校的社会声誉和可信度。

学风，即学生在长期的学习过程中形成的一种相对稳定的学习风气与学习氛围，是学生总体学习质量和学习面貌的重要标志，是全体学生群体心理和行为在治学上的综合表现。良好的学风不仅能让学生受到潜移默化的熏陶与感染，还能内化为一种向上的精神动力。在良好的学习环境中，学生的思想品德、价值观念、行为方式、意志情感等都会受到熏陶与感染，从而促进其自我成长。

天外以其独特的“一训三风”，充分体现出“和雅”办学特色。

· 校训：内外兼修　学贯中西

“内外兼修”源自中国的哲学观，内修德，外修行，二者相辅相成。“修”是“使完美”之意。内外兼修，是对全校师生提出的要求。全校师生不但要在学习与生活中修炼意志、思想和品格，而且还要思行合一、品行相照，在学习和生活中养成良好的行为习惯，成为品德高尚、行为端正、内秀外雅、表里一致的和雅君子。

“学贯中西”与外国语学校的属性紧密相连。近代大师级的人物，都是学贯中西、学富五车的才学之士。文化知识是几千年来人类智慧的结晶，天外的全体师生要有广阔的视野，就要善于从古今中外浩瀚的知识海洋中汲取养分，成为思路开阔、眼光独到，既具国际视野又具有民族情怀，既有中华亲和力又有国际竞争力的世界公民。

·校风：高雅　阳光　融合

高雅，是天外对师生气质的要求，是“和雅君子”的具体表现，是“雅”的拓展延伸。

阳光，是天外对师生精神面貌的要求，各雅其雅的校园文化打造，离不开阳光般的心态。

融合，从全球化视域来说，人们面对多元文化，如何取舍融合，是一生的必修课。天外的学生要融合中西文化，天外的教师要融合各种教育方法与理念。恰如其分地融合，才能实现真正的和而不同。

·教风：新锐　乐教　善导

新锐，是天外教学风格的重要追求，它既有“敢为人先、锐意进取”的含义，也有“教学领域的后起之秀”之意。天外是一所新学校，要想获得长远发展，需要教师在教育教学的方法和理念上，敢于打破陈规，触发创新精神，走在时代前列，引领天河教育、广州教育，甚至是广东教育的潮流，成为教育领域的开拓者。

有教无类，乐教善导，是天外对教师的师德要求，体现着教师对高超教学技能的追求，是教师的工作态度和能力的完美统一。天外小组合作的教学模式，离不开每一位教师的乐教善导。

·学风：合作　乐学　善思

合作，是个人与个人、群体与群体之间为达到共同目的，彼此相互配合的一种联合行动方式。天外之所以坚定不移地实施小班化教学，最重要的一个原因，就是要培养天外学子的团队合作能力。

乐学，是天外对学生学习态度的一种期许。孔子曾道出“知之者不如好之者，好之者不如乐之者”，以学习为快乐的学生，学习效率会大大提高。

善思，是天外对学生创新能力高度重视的具体体现。杰出的人才无不充满创造力，而善思是创造能力最基本的因素之一。善于思考问题、分析问题、解决问题的学生，定会有一个灿烂无比的未来。

(2)在校园文化中体现和雅

唯有美丽的环境和独具魅力的文化相得益彰，才能构成最美的校园。

培养和雅之才，构建和雅文化氛围，天外从校园环境进行布置，充分利用各种建筑和空间，在美化校园的同时，给学生以美的熏陶。

在天外的校园中走一走，看一看，你会发现，天外校园的教学区、生活区、运动区是各成一派又融为一体的。这里，绿意葱茏、鸟语花香。这里，春有花，夏有荫，秋有果，冬有青，美丽而幽雅。天外的场地，几乎都以“和”“雅”二字命名。校园内建筑物根据其功能各自取“雅”名：雅正楼、雅乐楼、雅趣楼、雅学楼、雅行楼、雅馨楼、雅膳楼、雅搏楼。两个广场和五条校道分别以“和”字赋予文化含义：和雅广场、和乐广场，和安路、和丰路、和美路、和通路、和畅路。学生可以在宜园、雅园、憩园漫步，领略着坚毅石的教诲；可以在国学文化长廊漫步，诵读经典；也可以自信地练习外语，接收着中西文化的熏陶……

为了使学校“处处是教育之地”，天外将校风、教风、学风挂在醒目的位置，以发挥其激励和引导作用，使其成为物化的精神文化，在校园内积淀下来，共同孕育学校文化，形成一种具有持久影响力的行为磁力场。

天外的墙壁会说话，花草也能赋诗。天外通过校园广播、宣传橱窗、读报栏、板报、标语等形式，宣传各项教育法律法规，普及科学文化知识，刊登文化艺术作品，使健康向上的校园文化覆盖学校的每一个角落，将人文气息和自然风光融为一体。如此，学生每时每刻都能受到国学的濡染、艺术的熏陶、世界文明的浸润。

学生进入校园的第一天，校园这一物化环境就开始施展它的魅力，让学生去探索、去发现。随着时间的流逝，校园逐渐会成为学生美好回忆的载体。以下为天外学子黄可欣笔下的天外校园：

幸运，莫过于遇见你

遇见你，是我最大的幸运。

初见你，就感受到，门匾上的十个金字蕴含着你的荣誉、你的辉煌。很幸运，我走进了你，并将在三年的时间里和你形影不离，分享生活的点点滴滴。

你的美丽令我赞叹不已。古朴的红砖砌起的栋栋教学楼，彰示着你稳重大方的仪态；和乐广场的绿意盎然、姹紫嫣红，蕴藏着数不清的生命足迹；塑胶跑道上和草坪中飞奔的身影，带来了无限青春与活力。不大的你，却无比精致。

你无疑给了我一个巨大的挑战。生活方面，新的朋友、新的同学、新的环境，以及我从未接触过的宿舍生活，都等着我去尝试；学习方面，科目的陡然增多、内容的深奥都让我感到巨大的压力。

我开始尝试、闯荡、探索。你所坚持的“和雅”引领着我、鼓励着我。渐渐地，我发现了更适合自己的学习生活方式，我感到越来越轻松，也变得越来越优秀。我更加喜欢你，喜欢你的和雅，你的一切。我由衷地感叹：来到这里，好幸运！

“和雅教育”并非纸上谈兵，还有很多的问题等待天外人去挖掘，还有很大的空间去提升。或许，在将来的某一天，天外会对自己的办学做出调整，但天外人始终会坚持的办学思路是：实行三个结合（中西教育思想结合、中外教师结合、中西课程教材体系结合），掌握三种语言（中文、英语、第二外语），体现三种特色（外语特色、小班特色、和雅教育特色），培养五种能力（生存能力、学习能力、合作能力、处理信息能力、创新能力）。

天外立志办成一所立足天河、服务广州、辐射广东，理念先进、环境幽雅、师资雄厚、学生优秀、质量超群，以“和雅教育”为办学特色，以外语为学科特色，以多元为文化特征，以和雅为人才规格的现代化、国际化外国语学校。

立身城央，天外人办国际范的外国语学校。

心向未来，天外人创造和雅的品牌化学校。

第二章

课程：和而不同，雅而有致

课程是什么？是一张方方正正的、写满各类学科名称的表格？还是教师在开学前制订出的教学计划？抑或是教育行政部门下发的一本本教材？有人说，课程是一个“懒惰的巨人”，它总是落后于社会汹涌的变革潮流。

在天外人看来，课程是学校蓬勃发展的泉眼，是学生学习的跑道，也更是在跑道上奔跑的和雅姿态。为了实现“和雅君子，世界公民”的办学理念，天外以“和而不同，雅而有致”为课程理念，挖掘各种有利的优势资源，构筑起了与“和雅教育”相匹配的课程体系，展现出超越常规的课程视野和突破边界的课程领导。

一、超越常规的课程视野

联合国教科文组织教育丛书中的《教育——财富蕴藏其中》一书认为，学校应培养“自由的人”，应向青少年提供一切可能的美学、艺术、体育、文化和社会方向的发展和实验机会，而不应局限于短视的功利需求。

从常规来说，一所学校的课程建设，包括国家课程、地方课程和校本课程的建设，要使国家课程和地方课程具有校本化实施的特点，使校本课程具有特色化开发的特点。

天外，则以超越常规的课程视野，根据学校的发展进程，以国家必修课程为主线，进行学科内、学科间的系统整合，融贯初中和高中，进行“和雅化”的学校整体课程建设，使天外课程既崇和尚雅，又描色绘彩，努力为学生提供一切可能的课程。

(一)天外课程和雅心

教育源自耳濡目染，而且也是一种氛围的传承。和雅，是天外独特的文化氛围。在和雅课程之中，在和雅学习之中，学生吸取着古今中外长年累月流传下来的智慧，开展着各式各样丰富多彩的活动，每天都在进步着、探索着，逐渐成长为学校所期冀的和雅君子，成长为具有国际视野的世界公民。

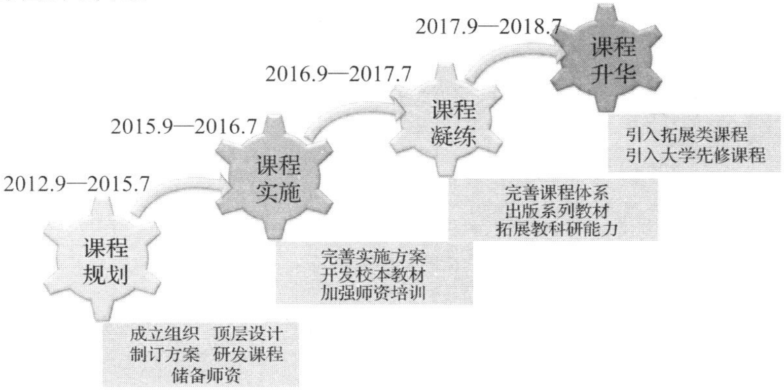

天外课程建设历程

1. 初中课程崇和尚雅

自创办起，天外的招生从初一年级开始，一个年级一个年级递增，因此，开办第一年，天外就进行了初中三年课程的整体设计，并经过三年的发展，逐步成熟，培育着和雅学子。

(1)初中特色课程的整体张力

依据初中生的身心发展情况与培养目标，天外在开齐开足国家课程的基础上，深化校本教材的开发与研究，形成了具有和雅特色的初中课程体系：国际理解教育课程、和雅君子课程、创新思维课程、经典文化课程。

在课时的安排上，天外初中按照《义务教育课程设置实验方案》，根据德、智、体、美等方面全面发展的要求，均衡设置课程，各门课程比例适当，开齐开足课时。

(2)初中特色课程的别样景致

和雅特色课程的内容，从基础知识、基本技能、基本态度出发，涉面广泛，从中华文化到西方经典，从理论知识到实践操作，从创新思维到时事政治，既贴近学生的生活经验，又贴近社会生活，为学生的终身学习与持续发展奠定了基础。

我们可以从演讲与口才课程、创新思维课程、经典文化课程、养成教育课程的实施中，看到天外初中特色课程的别样景致。

第一，演讲与口才课程。

在演讲与口才课上，教师并不讲授理论知识，而是以优秀案例为例，让学生进行仿写，并要求每一名学生都要站上讲台演讲。这一课程通过“模仿—写作—演讲”三部曲，让学生用文字和语言表达自己的真情实感。学习了该课程之后，学生的视野变得更加开阔了。他们一个个像久经沙场的演说家，在公众场合演讲丝毫不怯场，用语言的力量征服着听众。

演讲与口才课上，学生们正在做正音练习，并自主练习演讲时的礼仪和姿势

演讲与口才课掠影

第二，创新思维课程。

天外的创新思维课程以“培养丰富的想象力、敏锐的观察力、很强的动手能力”为课程目标，包含 DI 创新思维课程与 OM 头脑奥林匹克课程。课程内容取材于中央电视台热播节目“奇思妙想”“我爱发明”以及 DI 创新思维大赛和 OM 头脑奥林匹克大赛等，由执教物理、化学、生物、地理等课程的教师给学生们上课，用灵活多变的教学方法和手段，鼓励学生积极主动地思考问题、提出问题、解决问题，在体验、感知、思考、实践中，加深对知识的理解和认识，并动手加以改进。

对于创新思维课程的开设，天外的学生受益颇多，刁冠东同学写下了自己的体悟：

在学业不是特别紧张的初一，学校为我们开设了创新思维课、演讲与口才课，创新思维课是我们的一大特色。课上，大家可以充分锻炼自己的思维，跳出生活的限制，进行奇思妙想。假若生活就像一个点，给了我们一种思维定式，那么，这节课就教我们怎样绕过这个点去思考。

当然，在让所有同学享受科技创新和思维锻炼的同时，学校还组织我们参加了许许多多的比赛。DI 创新思维大赛，是全球范围内最大的创新思维比赛，最早发源于美国，通过一些有挑战性的题目，锻炼我们的思维。我通过参加 DI 创新思维大赛这项赛事得到了提高，最后获得了全国一等奖的殊荣。当然，我们团队的好成绩离不开学校的重视与老师们的精心指导。

第三，经典文化课程。

“中西结合，学养深厚”不是天外人挂在嘴边的口号，而是天外开发世界经典课程和中华文化课程的追求，更是实施这些经典文化课程的样态。

文化能致远，是现代人的共识。那么，怎样才能让学生对文化的学习不只停留在肤浅的层面呢？天外人思来想去，最终还是觉得，让学生去演绎文化，会更有效力。于是，一场以“经典文化”为主题的戏剧表演就应运而生了。请看谭小雨同学的精彩描述：

穿越时空不负卿

——记高一戏剧周会演

2017 年 4 月 27 日傍晚，夜幕初降，高一年级的同学已经准备妥当。一时间阶梯教室的门口精彩纷呈，既有纱裙翩跹，又有旗袍明艳；既有珠玉琳琅，又有长衫俊朗。随着时间一点一点地过去，期盼已久的高一年级戏剧周会演“和雅你我，粉墨春秋”，终于拉开了帷幕。

阶梯教室的舞台上，同学们大展风采。由于剧本都是由同学们自行选择的，所以每个班的戏剧都有不同的风格。前一秒观众还沉浸在《仲夏夜之梦》的迷离梦幻之中，后一秒就已经被《聊斋志异》的俏皮女妖吸引了目光；前一秒还在为侯朝宗与李香君的悲情故事暗自神伤，后一秒就因反串的白雪公主而捧腹大笑。

小小一方舞台，铭刻了祥林嫂的心酸，泼洒了喜儿的热泪，宣泄了雷雨的激撼，倾吐了茶花女的爱意，亦了断了赵氏孤儿的仇怨，成全了白流苏的姻缘……一出出精彩纷呈的戏剧，向观众展现了古今中外的悲欢离合，用矛盾与冲突营造出震撼人心之美。

学校领导对本次会演给予了极大的关注，马丽娟书记、霍志刚副校长、刘娟主任都应邀出席了这次活动。除此之外，各班家长也对本次汇演表现出了极大的热情，阶梯教室的前后都坐满了翘首以盼的家长，他们纷纷举起相机，为同学们记录下每一个耀眼而又难忘的瞬间。

会演一直持续到晚上十点才落下帷幕，从教师、家长、同学们的笑容与赞叹中不难看出，本次会演意义非凡——从选择、编写剧本，到认真细致地排练，再到最终的展演，这一过程不仅为同学们提供了展示自我的机会，更加深了大家对经典戏剧的理解，着实令人难以忘怀。

学生在舞台上进行戏剧表演

第四，养成教育课程。

播种行为，可以收获习惯；播种习惯，可以收获性格。和雅君子的养成教育，从学生进入校园的第一天起，从他们所做的每一件小事、所说的每一句话中，就已经得到了关注。

教育无小事，学生良好习惯的养成尤其如此。天外从礼仪、学习、生活和节俭四方面，对学生提出了一系列小要求，从正面规范学生的行为习惯。为了让学生有章可循，在《中小学生守则》的基础上，天外制定了《和雅班级养成教育评价细则》《和雅宿舍评价细则》，还编制了一首《和雅规范歌》。在实施途径上，主要采取以下两种方式：

一是班主任结合主题班会课，充分利用“和雅养成教育”校本课程，发挥班级自主管理功能和学生自我教育功能，加强学生常规管理的力度。

二是充分利用班队会、思想品德、晨会等课程，加强学生文明礼貌、安全卫生等常规教育宣传，引导学生做到“三别”“四带”“五无”。“三别”即向粗鲁告别，向陋习告别，向坏事告别；“四带”即把礼仪带进校园，把微笑带给同学，把孝敬带给长辈，把谦让带向社会；“五无”即地面无痰迹，室内无纸屑，桌凳无刻画，墙壁无脚印，出言无脏话。

良好行为习惯的养成是日积月累、反复训练、循序渐进的过程。根据行为习惯的养成特点和学生的身心发展特点，天外把行为规范逐条分解，分周落实养成训练。

第 1、2 周：严格守纪，按时作息。

第 3、4 周：讲究卫生，保护环境。

第 5、6 周：专心听课，大胆发言。

第 7、8 周：活动讲文明，认真做“两操”。

第 9、10 周：学会交往，举止大方。

第 11、12 周：热爱劳动，认真做值日。

第 13、14 周：注意安全，遵守交通规则。

第 15、16 周：不挑吃穿，勤俭节约。

第 17、18 周：诚实守信，知错就改。

第 19、20 周：认真复习，考试不作弊。

为了便于学生在琐碎的日常生活中不断提醒自己，随时进行自我纠正，天外编写了一首朗朗上口的《和雅规范歌》：

说话雅

见了师生，主动问好。与人交谈，亲切微笑。
举止大方，注重仪表。有问必答，虚心求教。

走路雅

昂首挺胸，稳健前进。上下楼梯，自觉右行。
若遇熟人，礼让后行。横过马路，规则记心。

集合雅

集合指令，雷厉风行。有序进场，保持队形。

到位迅速，整齐安静。动作规范，修身养性。

课堂雅

学具备齐，提前预习。认真思考，勇于质疑。
合作探究，寻根究底。巩固练习，书写规矩。

课间雅

走出教室，扶栏远眺。放松身心，消除疲劳。
切勿追赶，不宜喧闹。高雅游戏，陶冶情操。

就餐雅

一粥一饭，来之不易。人民血汗，倍加爱惜。
按时就餐，排队有序。讲究卫生，各取所需。

居室雅

鞋袜衣被，勤换勤洗。物品文具，摆放有序。
不乱扔吐，革除陋习。卫生保洁，从我做起。

爱校雅

门窗桌椅，爱惜有加。花草树木，杜绝践踏。
墙壁走廊，不得涂画。护校保产，胜爱我家。

着装雅

学生着装，整洁舒爽。不求奢华，注意形象。
适当装饰，避免怪样。入乡随俗，朴素大方。

在天外的校本教材《和雅养成》中有这样一段话："校本课程内容的设计，是我校德育实践经验的总结，也是我校师生智慧的结晶。这套教材不仅学生每周班会课必读，而且班级还要检查学生的阅读笔记和自我反思。"反思教育，是和雅养成教育的核心。

《论语》一书中记载，司马牛向孔子请教什么是君子。孔子回答："君子不忧不惧。"司马牛又问："不忧不惧，斯谓之君子矣乎？"孔子回答："内省不疚，夫何忧何惧？"

反思可以使人进步，是中国古代儒家思想时常透露出的信息，所以也有曾子的"吾日三省吾身"。在独处时，能够坦然面对自己，坦然面对自己每一天的言行举措，这样的人，便可以称之为君子。

以下是部分学生的反思案例：

今天写作业的效率还不错。我发现，当一个人完全静下来的时候，效率会增加一倍，一个人的写字速度与她的投入度密切相关。完全投入的时候，每一个想写的单词都会从头脑中蹦出来！

——刘　懿

一到周末，时间就会利用得不好，我总把一切事情都堆到周日晚上解决，导致没时间复习。写了清单好像也没什么用，执行力不强，还是想干吗就干吗，这样很不好。

但是我又发现，自己给自己订的那些杂七杂八的小计划却完成得很好，这让我很满意。现在，我只要一有时间就开始执行小计划，希望我的执行力也能赶紧跟上来。

——罗皓然

老师说我在数学方面已经有了自己的原则，可偏偏这个原则是不完整的、不可持续的，也许我过去对老师的意思有点儿误解。我明白了，奥林匹克数学竞赛可以继续，但是要练思维，我的问题不在于不踏实、粗心，也不在于没有做数学作业，而在于思维训练的缺乏。我发现，很多同学为了取得好成绩，只是一味地做题，而肖老师提出的是一种超前的思维。在大学，做题不再是主要的，而一种研究的思维却越发重要了。

因此，我决定制定长远目标，毕竟我最终的目标是当数学家。学校的王鸿老师和其他老师一致认为，肖老师的数学思维很好，虽然他讲的内容很简单，但他的每一句话都饱含了思维和逻辑。

从此以后，我决定把竞赛当成锻炼思维的一种方式，多写论文，多进行研究性学习。如果我可以证明课本的东西，提出问题，达到一种别人在大学才拥有的境界，那就太好了！

——张森森

千里之行，始于足下。在平时一点一滴的反思之中，学生们一天天地成长，一天天地发生着微妙的变化。有些积累了很久的不良习惯虽然不能一次就被纠正，但是当天外的学生开始意识到问题之时，他们就已经成功了一半。和雅养成教育注重的是学生成长的过程，尤其是内心活动的变化，给学生的内心注入永不枯竭的原动力，他们就能在人生之路上走得更稳，走得更远。

2. 高中课程崇和尚雅

创办三年后，天外迎来了第一批高中生，随之也有了高中三年课程的整体设计，如今也渐趋成熟，培育着和雅学子。

(1)高中特色课程的整体张力

被誉为“现代课程理论之父”的美国课程专家泰勒，把课程编制的主要步骤列为四个问题：一是学校应该达到哪些教育目标；二是提供哪些教育经验才能实现这些目标；三是怎样才能有效地组织这些教育经验；四是怎样才能确保这些目标正在得到实现。

天外确定的课程总体培养目标是：依托外语优势，通过和雅特色课程的学习，培养学生对中西文化的理解与包容，使其成为具有独立人格、创新意识、良好的沟通能力、较强的国际竞争力、高度的社会责任感的和雅君子。

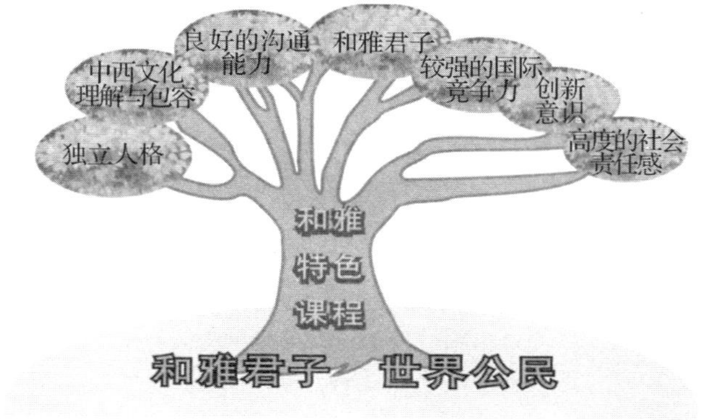

天外高中和雅特色课程样态

从课程总体培养目标出发，天外构建了高中阶段的课程体系，呈现出个性化、有层次、高融合的课程结构特点。

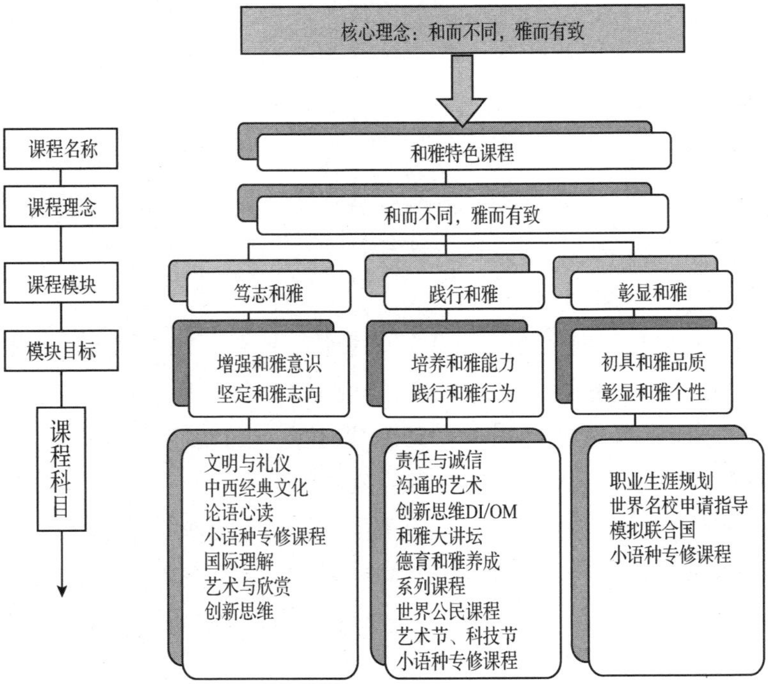

天外高中课程体系结构图

天外按照《普通高中课程方案》的指引，将教育部要求的高中学习科目中的体育与健康（11 学分）、研究性学习（15 学分）、社会实践（6 学分）、社区服务（2 学分）、选修二（6 学分）共计 40 学分整合起来，统筹安排在高中三年的教学计划中。有些科目安排在日常教学周中，有些科目安排在寒暑假中。此外，天外还利用校本课程、研究性学习、社会实践、社团活动和选修二等时间，保证特色课程的实施。

表 2-1　天外高中课程设计一览表

年级	课程目标	课程方向			
		普修课程	年课时	专修课程	年课时
高一	增强和雅意识坚定和雅志向	和雅养成教育(一)	80	人文与科学类(文学写作、创新思维、微积分预备等)	80
		中学生生涯规划(一)			
		和雅大讲坛		跨文化交际类(第二外语、UNLOCK 英语选修、英语音乐剧等)	
		经典教育			
		天外之音		学科拓展类(USAD 美国学术十项全能等)	
		硬笔书法			
		外教口语		模块选修	
		时事热点		研究性学习	
		世界公民			
高二	培养和雅能力践行和雅行为	和雅养成教育(二)	80	人文与科学类(微观经济学、人文地理、名著“悦”读、创新思维等)	160
		中学生生涯规划(二)			
		和雅大讲坛		跨文化交际类(第二外语、UNLOCK 英语选修、领袖气质)	
		中西文化			
		天外之音		学科拓展类(理化生信息技术奥林匹克竞赛、新概念作文比赛等)	
		外教口语			
		硬笔书法		模块选修	
		时事热点		研究性学习	
		文明与礼仪		国际姊妹学校交流	
		有效的沟通			
高三	初具和雅品质彰显和雅个性	和雅养成教育(三)	40	心理健康类(自我调适与自主激励、高中人际交往等)	60
		中学生生涯规划(三)		升学指导类(世界名校申请、国内外名校知多少)	
		艺术与欣赏			
		和雅大讲坛		社区公益服务	

(2)高中特色课程的别样景致

第一，和雅大讲坛。

聆听百家之言而致知。为了开阔学生的视野，天外经常邀请专家以及学生家长来校开展讲座，“和雅大讲坛”就这样应运而生。

2013年5月6日，受到邀请的家长代表们在全校不同班级同时开设了包含自然科学和社会科学在内的科普知识讲堂。王斯嘉同学的家长带来《建立良好的人际关系》，何限同学的家长带来 *Brand-name Decision*（《品牌名称决策》），李昌文同学的家长带来《人与合作》，李祯同学的家长带来《探索生命的奥妙——基因密码与克隆》，许佳蕾同学的家长带来《水》等主题明确、形式多样的讲座。内容丰富、形式多样的大讲坛，让学生在遨游知识海洋之时，也对父母有了更为全面的认识，有效地促进了学生与父母之间的沟通和交流。

表 2-2　天外和雅大讲坛活动一览表

专家介绍	活动主题
陈琦（华南师范大学博士生导师、人工智能研究领域专家）	人工智能漫谈
张景中（中国科学院院士）	思维与创新漫谈
廖文（华南师范大学教授）	新时期中国青年的历史使命
姚立军（暨南大学物理学院博士）	全国奥林匹克信息技术竞赛
周俏云（广州市头脑奥林匹克协会秘书长）	筹备首届广东省头脑奥林匹克创新思维大赛活动
加文·比格斯（剑桥大学出版社教学顾问）	英语视频教学
温东瑜（广雅中学教师、广东省中小学英语演讲比赛资深评委）	广东省中小学英语演讲比赛培训——*How to Stand out in the English Speaking Competition*（如何在英语演讲比赛中脱颖而出）
赵福利（广州市科技创新大赛资深专家评委、中山大学物理学院博士生导师）	以小蛮腰为例给初高中学生介绍“LED布光工程”
纪立（雅思考试专家，长期研究雅思和托福考试）	雅思、托福如何助力我们走向世界

续表

专家介绍	活动主题
李田（中山大学附属第三医院）	青春期生理卫生——女生篇
龙军标（广州市黄埔区疾病预防控制中心副主任）	学校传染病的预防与控制（双语讲座）
天河区文化广电新闻出版局、天河文化馆	罗宾汉英语戏剧

第二，职业生涯体验。

教育，就是给学生提供帮助，帮助他们成为更好的自己。为学生打开世界的大门，让他们更多地了解世界，了解各种职业，无疑会有助于他们的长远发展。

2016 年 3 月 30 日下午，广东省中小学校长联合会在天外组织了一场“学生学业和职业生涯发展指导师工作坊”活动。在活动中担任主讲的，是来自华南师范大学附属中学的学生发展研究室主任李之宁老师。除了理论授课，李老师还带领大家体验了“兴趣岛”和“决策平衡单”这两项工具。天外的教师感受到了学生学业和职业生涯发展指导的重要性，也了解了指导学生职业生涯规划的新理念和新方法。

“纸上得来终觉浅”，学生的学业和生涯发展，需要切切实实的行动。天外带领学生深入实地了解各种行业情况，让学生去探索自己的兴趣爱好，从而为将来的发展奠定基础。在这一过程中，天外创生出一套新的课程——职业生涯体验课程。

2016 年 5 月 21 日，天外学子来到华南最大的影视基地了解电影行业。在这次课程活动中，有专人为学生讲解电影的制作流程。学生从中了解了电影行业的发展变化：从黑白无声到彩色，再到 3D、5D，一直到最新的 9D，也就是虚拟现实（VR）技术。在活动中，学生参观了化妆道具棚、一号摄影大棚，还有所谓的“制假工厂”。参加活动的学生表示：“这一次职业生涯体验课程对我们触动很大，也让我们对电影行业有了更深的了解。这是一个有趣而又艰辛的行业，未来影响这一行业的，将是我们这群新生力量。”

天外学生参观中国南方(珠影)影视制作基地

除此之外，天外的职业生涯体验课程还开展了如下活动：

——走进华南师范大学心理学院脑科学实验室，进行了一场有趣的大脑奇遇记。

——走进广州市公安局便衣支队，进入情报作战室，参观审讯室、指纹搜索室等，深入了解人民警察工作的艰辛，感受了爱岗敬业的人们为社会默默做出的贡献。

——走进花都区东风日产花都工厂，开启汽车探索之旅，听讲解员介绍汽车的生产线，获取新鲜知识。

——走进珠江—英博国际啤酒博物馆，了解啤酒的制作过程，感受现代啤酒行业人才需求的转型。

——进入一家服装厂，参观了服装生产线的生产过程：制样、验布、裁剪、制衣、包装，了解服装厂的经营流程、成衣规模等信息。

——走进广州地铁 5 号线总部鱼珠车辆段，从组装新车、车厢监控、出厂前试车、新员工驾驶到地铁的检修厂、工程车，专业人员一一给学生们做了详细的讲解；学生们还学习了在地铁上遇到突发状况的处理方法。

……

这一系列职业生涯体验课程都是在书本上接触不到的。这些活动让学生们贴近生活，走进现实社会，发现自己的兴趣所在，从而确立学业和职业发展方向，成就更美好的未来。

（二）课程色彩学生绘

我们生活在一个彩色的世界中，时时处处都被多彩的光晕包围着。

法国著名画家马蒂斯曾经说过：“如果线条是诉诸心灵的，色彩则是诉诸感觉的。那你就应该先定线条，等到心灵得到磨炼后，它才能把色彩引向一条合乎理性的道路。”画作，因为有了色彩，才会更加诱人。和雅，在崇和尚雅的天外课程这张画作上，便是这使人向上的感性色彩。

不同的课程，则见不同的和雅色彩。这里仅撷取几样课程，以窥天外描色绘彩的课程之功。

1. 社团课程绘风采

社团是具有某些共同特征、爱好的人相聚而成的互益组织。天外将学生社团纳入课程建设中，演绎出学生社团课程开发的一个个小故事。

哪怕社团的一则则募才海报，都由学生自己撰稿，他们真是各显神通。

天外“不宅电脑吧”招募贤才！

21世纪是信息化时代，在这个时代里，电脑已经成为一件必不可少的办公设备。你若能够好好地掌握电脑技术，那是不是又向理想中的自己靠近了一大步呢？“不宅电脑吧”，为你提供多种多样的计算机技术/技能，你可以从中学习到你想要的任何电脑技术。只要肯努力、肯下苦功夫，你就是要成为一名了不起的黑客也不在话下，那些PS、AE、CAD、FLASH、WEB、UI、MAYA、INDESIGN、PPT、WORD、EXCEL、PUBLISH等电脑技术更是小菜一碟；只要想学习，什么牛人你都可以超越！

在“不宅电脑吧”，你可以学会工作常用的office软件，也可以编辑最个性的网页，处理令你最得意的相片，绘制最梦幻的动漫……

如果你想成为传说中的PS高手，

如果你想熟练掌握各种办公软件，

如果你想让你的爱本得到更好的维护，

如果你在选择购买笔记本时不知所措，

如果你想成为移动互联网产业的弄潮儿，

如果你想参与制作属于自己的校园短片，

如果你的电脑崩溃后没有人为你重装系统，

如果你想要让你的生活更有意义，

如果你的目标是一名计算机高手，

如果你想找到一群靠谱的伙伴，

那么就请你来“不宅电脑吧”吧！

社团宗旨：多交流讨论，多思考探究，多动手实践，多幸福晕染

社团口号：我是爱生活、爱学习、爱伙伴、爱研究的不宅IT男/女

社团指导教师：江小宇

社长：黄凯锐

副社长：吴雨铮

社团活动地点：初一(4)班教室

社团活动时间：周四下午第八节课

天外“不宅电脑吧”社团活动

“美食团”邀请你来参加！

中国拥有五千多年的历史，在这漫长的文化长河中，我国的美食多不胜数。北京有烤鸭，上海有小笼包，广州有早茶，四川有担担面，重庆有火锅……中国八大菜系，总有一个菜系让你垂涎三尺。于是乎，你可以在我们的社团里了解这些地方名菜，更能在这里找到这些美食背后的文化。

读英文菜谱，做西方美食。你可以把自己暴露在与美食相关的信息里，熟悉西方人的三餐文化，拓展自己的知识面。如果你也热衷于DIY各种美味，那我们就一起来做一下这些西方人爱得不得了的甜品吧。在听英语、品文化的过程中，我们一起享受人生。我们的社团活动有Food Road Map（美食路线图），带你浏览西方的特产；Easy Recipe（简易菜谱），带你领略经典甜品菜谱，一步一步指导你的操作，总有一款适合你；Foodies'Say（美食家们说），吃货朋友们可以在这里互相交流美食，学习如何评价食物，并且还能学到各种与饮食相关的英语词汇。我们还有Healthy Eating Quiz（健康饮食小测试），让你了解更多与健康饮食相关的信息，让你能拥有更加健康的生活习惯。一起来享受“美食团”给你带来的快乐吧！

“美食团”活动

“美食团”的目标是：使社团成员学会读英文菜谱，并亲自动手做美食；了解中西方美食文化；学习与饮食相关的英语词汇；学习如何用英文评价食物；了解健康饮食知识，吃出健康。

2. 实践课程绘梦想

穿梭在大街小巷的汽车，究竟是怎样制造出来的呢？天外的一群好奇宝宝对大家司空见惯的汽车突然产生了兴趣。

2017 年 6 月 23 日，广汽丰田公益微信发布了一条这样的消息：是的！这群中学生建立了自己的汽车公司。这个公司，汽车的研发、生产、制造、推广等环节，都由中学生来决策。除此之外，他们还围绕环境、能源、交通安全等课题，共同探讨针对性解决方案和创造性的概念车产品。而且，在这一天，他们还举行了“新车发布会”！

其实，这是一场“蓄谋已久”的发布会。

早在 2016 年 9 月，天外和广汽丰田就共同打造了“广汽丰田汽车实验室”，并推出“座驾精灵 CEO 课程”。

“广汽丰田汽车实验室”配备了真实的教学用车、发动机、汽车零部件、电气板模型等教学用具，学生可以零距离接触真车和零部件，将知识和实践能力有机地融合。

在“座驾精灵 CEO 课程”中，学生深入体验汽车从生产到上市销售的全过程。兴趣是最好的老师，有了物质基础和经验指导支撑的兴趣，能帮助学生达到梦想的彼岸。

这次活动不仅丰富了天外的特色课程体系，开创了校企合作的新形式，也使每一位天外学子受到了鼓舞：有梦就去追吧！

天外学子参观“广汽丰田汽车实验室”实践活动

二、突破边界的课程领导

课程不再是学科的总和，而是学科、学生、生活、社会的有机整合。课程资源也不仅是一本本的教材，每位教师，每名学生，每个学生的家庭，学校周边的文体设施、文化场馆，乃至大千世界，都可以成为课程的资源。

一双善于发现的眼睛、一个勤于思考的大脑，是课程资源的探测器。对天外人来说，一切有利于实现课程目标的人力、物力、自然资源等，都可以成为促进教师专业成长和学生个性发展的课程资源。天外以无界限的课程资源观，实现了突破边界的课程领导，彰显出外国语学校的大外语特色。

(一)优质资源为我用

俗话说："巧妇难为无米之炊。"身处城央，立于珠江新城中央商务区的天外，身边有太多太多的"优质大米"了；而崭新的校园、一流的设备、优秀的教师、优质的生源，更是天外课程的"优质大米"。那么，如何将这些"优质大米"进行优化整合；如何"烹饪"，制作出丰盛的课程大餐哺育学子呢？

1. 校内的奇珍

天外校园内从有形的物化资源、文本资源，到优质的教师资源，都为和雅课程建设贡献着自己的力量。

(1)物化的课程资源

第一，图书馆。天外图书馆建筑面积380多平方米，藏书63000多册，电子图书30000多册，杂志200余种，信息点960个；同时与广州图书馆共建，成为其分馆，师生在校内即可享用广州图书馆的资源。图书馆专门开设了外文阅览室和科技电子阅览室，购置了一批外文读物和参考资料。多媒体阅览室还收录了一批外文声像资料和多媒体资料，学生和教师在这里可以自由上网浏览，及时汲取国际教育和文化领域的优秀成果，开阔视野，为进一步成为兼容并包的世界公民奠定精神基础。

第二，校园网。科技的日新月异，为我们开创资源带来了许多便利。网络的构建，也便于我们对学校进行管理。天外建有校园网络系统、数字监控系统、闭路电视系统、信息发布系统、数字广播系统、校园一卡通系统等。这些智慧校园网络，为天外教学、科研，为学生的生活提供了先进的信息化环境，使其节省了许多宝贵的时间。

第三，功能室。天外校园面积虽然不算大，但却“五脏俱全”，有各种先进的设施设备：物理、化学、生物实验室，科学实验室和科学探究室，综合实践活动室，美术室，舞蹈室，健身室，微格教室，通用技术室等。这些功能场室为天外创造性地实施国家课程和地方课程提供了有力的支持。在特色课程方面，天外有欧陆风情街、国学文化长廊、国学大厅等。学生们在这些功能各异的场室内开展活动，触摸世界。

坚毅文化石　欧陆风情街　国学文化长廊　和雅文具店

天外特色课程场室

(2)优质的文本资源

文字具有无穷的力量，可以穿越时空，可以流传千古，还可以不断改编完善。天外已经积攒了众多文本资源，包括教材文本、活动文本以及生成性文本。

第一，教材文本。天外自编教材有6类：专门讲述“和雅”的《和雅的内质与外延》《和雅养成手册》，针对创造力培养的《创新思维训练游戏》，提升英语素养的《英语课本剧》，传承中华文化的《书法》，针对未来人才所需的演讲能力的《演讲与口才》。天外选编教材主要有《经典教育》等，还有选用教材《论语心读》《高中生生涯规划导航》《世界礼仪手册》《国际理解教育读本》等。

天外自编教材、选编教材

第二，活动文本。在开展教育教学活动的过程中会发生许多有趣的故事，此时，天外便会有意识地进行收集和提炼。例如，每次开展和雅论坛，天外都会进行相关资料的汇编。在进行国际交流的过程中，在开展社团、主题教育活动后，天外也会将其转化为校本化的文本，对活动过程中使用过的资料进行汇编。

第三，生成性文本。在特色课程教学活动中，就算是同样的教学内容，由于学生不同，也会带来不一样的创新与发现。这时，对学生学习过程中出现的问题不断进行总结与反思，并形成文本，就成了天外宝贵的课程资源之一。这种文本资源在教学过程中不断形成，所以被称为生成性文本。

（3）强大的人力资源

天外虽然很新、很年轻，但是在创办之初，就集结了一批优秀的教师。他们既是天外最宝贵的财富，也是财富的创造者。在学校特色课程教学工作中，他们闪耀着自己的光芒，为和雅特色品牌的创建增砖添瓦。

2．校外的异宝

丰富的资源可以保障特色课程的实施。身处中央商务区的天外，从新校区启用开始，就获得了得天独厚的优质资源。在天河区政府对天外的投入中，仅信息化投资就有 3600 多万元。学校周边的高校、科研院所、文化场馆、各国驻穗领事馆、500 强企业等各种社会资源，均为天外研发特色课程提供支持，给天外学生的活动提供了好处所。

天外周边社会资源

（1）被优质文化资源包围

以天外校址为圆心，以 3 千米为半径，在这样的一个圆中，蕴藏着丰富的文化资源。

从天外向东出发，沿海安路步行仅 6 分钟，便可到达红线女艺术中心。红线女是粤剧艺术的一代宗师，其艺术代表着当代粤剧旦角艺术的最高成就，被誉为“岭南文化瑰宝”。走进红线女艺术中心，我们可以切身感受粤剧艺术家的独特魅力，感受中华优秀传统文化的博大精深。

从天外向西出发，在离学校 2.3 千米的地方，珠江新城中心南部，是广东省最大的综合性博物馆。在广东历史文化陈列展厅中，我们可以深入了解广东的发展历程；在自然资源展厅中，我们可以获取大量与自然地理相关的知识。如果对艺术感兴趣，潮州木雕艺术、端砚艺术都会给人以触动、以启发。历代陶瓷展览，涵盖了从新石器时代到清代各个时期的陶瓷艺术品。广东省博物馆为天外学生学习中华传统文化和历史地理提供了实践基地。

与广东省博物馆相邻的，是广州图书馆。现在，天外已经成为该馆的图书流通点，可以引入各行业各类专业讲座。

在广东省博物馆对面，坐落着广州最著名的地标建筑——广州塔。塔中的广州历史文化民俗展览馆，讲述了广州两千多年的历史和风土人情。在科普游览厅中，有六大环保科技系统——全球首创的主被动混合控制减震控制系统、雨水回收系统、风力发电系统、太阳能光伏幕墙系统、结构健康检测系统和超级双层轿厢高速电梯。对于正处在探索世界阶段的中学生而言，这些文化资源都被逐步纳入天外的课程之中。

(2)被高校和领事馆环绕

第一，周边高校。

天河区是广州市的人才大区，高校林立，科研院所密集，高层次人才数不胜数。在天外的东北，2.5 千米处，有暨南大学；3.6 千米处，有华南师范大学；4.7 千米处，有华南理工大学；5.6 千米处，有广东省农业科学院；6 千米处，有华南农业大学。在天外以北，6.5 千米处，有工业和信息化部电子第五研究所；在天外以西，7.1 千米处，有广东建筑文化遗产保护研究院。

2016 年 2 月 21 日，是天外与广东外语外贸大学课程共建签约暨优质生源基地揭牌仪式举行的盛大日子。广东外语外贸大学是华南地区国际化人才培养和外国语言文化研究的重要基地，也是向联合国提供高端翻译人才的全球 19 所大学之一。此次签约，是广东外语外贸大学首次在基础教育领域授予“优质生源基地”并携手共建特色课程，打破了中学与大学资源开发与流动的传统壁垒，创设了资源开发与流动的绿色通道，形成了联合开发课程、送课到校、师资共享、师资委托培训等一系列课程共建共享的新模式。

除此之外，到目前为止，天外还与国内顶尖高校开展了其他合作项目。

表 2-3　天外与国内顶尖高校合作项目一览表

高校名称	合作项目
清华大学	CAP 课程、走进清华项目、自主招生
北京大学	AC 课程、自主招生
北京外国语大学	英语特色阅读项目
中山大学	学生走进大学实验室，大学教授担任学生导师
华南理工大学	学生走进大学实验室，大学教授担任学生导师
注：1. 清华大学先修课程 CAP 试点学校在广东省仅三所：华南师范大学附属中学、珠海一中、天河外国语学校 2. CAP 课程、AC 课程分别为清华大学、北京大学开发的中国大学先修课	

天外还积极打造知名高校的“优质生源基地”，为在基础学科具有天赋的优秀学生创造进一步发展的有利条件。到目前为止，天外已经获得的资源有：

——与中山大学、华南理工大学、华南师范大学、暨南大学、广东外语外贸大学等高校签订《优质生源基地建设协议》。

——与高校创建“课程资源共享基地”，已与华南师范大学外国语言文化学院、暨南大学外文学院、中山大学翻译学院等国内高校联合开设课程，建立战略合作交流机制，积极开展合作。

——参与国内名牌大学的网络开放课程，如清华大学的在线课程等，以达到高校基础课程远程旁听的效果。

——与华南师范大学物电学院、暨南大学物理学院合作，走进高校实验室参与课题研究。

第二，周边领事馆。

多国驻广州总领事馆毗邻天外。例如，英国驻广州总领事馆在天外以西，约 3.6 千米处。美国驻广州总领事馆距学校约 3.7 千米远。这些总领事馆每学期都会派外国专家来学校进行访问，为学校提供外事文化交流机会。

此外，天外还积极与法国驻广州总领事馆文化交流处、日本驻广州总领事馆文化交流处和德国歌德学院等文化部门联系，为学生搭建平台。2013 年至 2014 年，美国驻广州总领事馆、法国驻广州总领事馆文化交流处多次派专家来学校开展讲座，进行文化交流活动。

2016 年 4 月 15 日，天外雅趣楼四楼舞蹈室迎来了三位不一般的舞者——米歇尔·皮尔逊(Michelle Pearson)、罗纳德·韦斯特(Ronald West)、凯瑟琳·奥曼(Kathryn Auman)，他们均来自美国的黑盒舞剧院。这是天外与美国驻广州总领事馆新闻文化处共同发起的一期舞蹈工作坊活动。天外一直保持着与各国驻穗领事馆和海外学校的合作与交流，为培养学生的国际视野和创新能力搭建平台。

天外与美国费斯鲁德中学缔结为友好学校

第三，被社区和家长资源填充。

天外被四周高档社区所环绕，社区有许多优秀人士。优秀的家长也是天外的资源之一。供职于中山大学第三附属医院的张旬智家长，参与了天外的青春期教育课程。供职于广东金融学院的李昌文家长，参与了天外"学会合作"的课程开发。供职于暨南大学物理学院的杨思远家长，指导天外学生开展物理竞赛。作为飞行员的邹开源家长，为天外带来了《从航天航空看团队合作》的专题讲座。

天外还请来专家团队为学校的发展助力，他们主讲了各自领域的专题，如中国科学院院士张景中的《数学与生活》、天河区文联副主席李少玲的《中西文化教育》、广州市头脑奥林匹克协会会长杜赧的《科技创新大赛/OM比赛》、广州市天河区教育局原局长柳恩铭的《论语心读》、南方医科大学公共卫生学院主任李凌的《交友与处世》等。

天外整合区域公共资源，创建特色课程校外实践活动基地。珠江新城内林立的跨国企业，在假期成了学生进入各行各业深入开展研究性学习、志愿者活动，进行学业和职业生涯规划课程的好去处。

(二)外语特色扑面来

"在此独立人格，从此走向世界"是天外学子的发展态势。一个不能运用纯正英语进行交流、不具备国际视野和胸襟的人，当然无法走向世界。于是，天外便以外语课程为主体，以世界公民课程为载体，以特色课程和国际交流为两翼，构建了独领风骚的大外语课程体系。

天外的外语课程有着普通中学不可比拟的优势。从师资、教材、教学时间、授课方式等方面来看，天外学子沐浴着当今世界最前沿的大外语教育。

表 2-4　天外第二外语课程计划表(2016-09-01—2018-08-31)

年级	项目	每周课时数	学年周数	学年课时数
初一	法语	3	36	108
	德语	2	36	72
	日语	1	36	36
	西班牙语	1	36	36
初二	法语	3	36	108
	德语	2	36	72
	日语	1	36	36
	西班牙语	1	36	36
高一	法语	1	36	36
	德语	1	36	36
	日语	1	36	36
	西班牙语	1	36	36
高二	法语	1	36	36
	德语	1	36	36
	日语	1	36	36
	西班牙语	1	36	36

1. 外语教师好优秀

天外校级领导都曾有海外学习经历或外国语学校管理经历，如崔海友校长曾赴英国伦敦大学参加广东省中学校长领导力培训；马丽娟书记曾率领学校师生赴英国开设世界公民课程；霍志刚副校长曾有外国语学校管理的工作经历；陈迪副校长是广州大学的特聘教授，是华南师范大学外文学院的硕士研究生导师，曾被选拔作为广州市 30 名中小学优秀英语教师代表参加广州市第一批赴英国的培训项目。英语科组是个大家庭，现有英语教师 32 人，其中 3 人为行政干部，有高级教师 7 人，研究生以上学历者 20 余人，80％的英语教师有前往美国、英国等国家进修学习的经历，并获得当地政府颁发的专业证书。

天外有来自英美国家的外语口语教师 2 名，他们发音纯正，教学经验丰富。除了教授常规的口语课之外，外籍教师还积极参与学校教研，改进教学方法，并帮助学生排练英语戏剧，成立了科技英语俱乐部等，丰富了校园文化。天外还聘请了 3 名兼职外籍教师承担学校的英语角、演讲比赛等社团和综合实践活动。

外籍教师、第二外语教师均来自母语国家，并具备本国语言的教学经验。在学校开设的法语、德语、日语和西班牙语课程中，任教法语和德语的教师具有海外进修学习经历，教学经验丰富，善于借助歌曲、视频、音频及图像等，设置符合学生实际生活的交流场景，重点训练学生的口头表达能力，充分调动学生学习第二外语的积极性。学生们都喜爱第二外语的学习，积极参与第二外语的课堂活动。德语班的学生更是用英语来学习德语，双语都能得到提高。

同时，天外积极整合资源，借助专业机构，聘请对口的专业教师担任第二外语教师，如初一、初二、高一的日语课、法语课、德语课，以及初一、初二的西班牙语课，就分别外聘了相应的专业教师任课。

2. 外语教材好丰富

为提高学生对英语文化的理解和英语口语水平，天外每周开设 1 课时的外教口语课，使用上海外语教育出版社与朗文出版亚洲有限公司联合出版的经典教材《展望未来》。同时，天外周一至周四每天开展 30 分钟的英语听力活动。

在传统的英语课程之外，学生还可以有针对性地选择法语、德语、日语、西班牙语四门小语种选修课程。为适应第二外语教学的需要，天外配有 5 间第二外语专用室：法语室 2 间；德语室、日语室、西班牙语室各 1 间；图书室 1 间（包括藏书室和阅览室，内有外文图书 4600 册，生均 13 册）；计算机室 2 间。

表 2-5　天外第二外语教材使用情况

法语	**教材一：**《中学生法语 1》(*Le français pour les ados* 1)  此教材从中学生的认知规律及知识体系构建的实际情况出发，根据法语语言本身的特点，编写了以口语交际为主的内容，多为短小精悍、生动活泼的情景对话，在反映中学生日常生活的同时，强调法语的交际功能以及法国文化在语言学习中的重要性。教材的主题选取及内容编写由浅及深(对话用语、语法)，由己及人(衣食住行、社会交际)，由内到外(国内生活、国外生活)，由日常生活到涉外活动。教材编排均衡，安排听、说、读、写四部分，鼓励采取学生自主探索学习、教师启发引导的方法，充分发挥学生的主观能动性，挖掘学生潜能。 **教材二：**(法语 修订本)《*Le Français*》  此教材是一套系统的法语教材，全面介绍了法语知识，包括语音、语法、文化等各方面，其结构严谨合理，不失为一套成功的法语教材。这套教材最大的特点是新颖、活泼。无论在课文选择，还是在练习编排和注释等方面，都创造了新的风格和体例。
德语	**教材一：**《德语综合教程》  此教材由上海外语教育出版社出版，每单元均由引子、课文、句型、词汇、语法、各类练习、单词表等部分组成。在题材选择上，既满足当代青少年的兴趣爱好，又体现德国的文化精神；在教学理念上，融传统教学法和现代教学法为一体，博采众长，相得益彰；在练习编排上，充分考虑基础德语综合课的功能，形式丰富多样，逐步培养学生德语听、说、读、写、译的语言技能，同时注重培养学生的跨文化交际能力；各单元欧洲文化名人的格言可拓宽学生的知识面，书中穿插的经典德文歌曲能激发学生的学习兴趣。 **教材二：**《快乐德语》  此教材是一套理念新颖、特色鲜明、配套齐全、适合我国青少年读者学习的立体化德语教材。全套教材共分五册，每册均配有学生用书(附 CD)、练习册 (附 CD)和教师用书。每级还配有 DVD 光盘和学业测试。学生学完第一、第二册，可达到“欧洲语言教学与评估共参框架”的 A1 级水平；学完第三、第四册，可达到 A2 级水平；学完五册可达到 B1 级水平。

续表

德语	**教材三：**《新概念德语第一册》(*Neues Konzept für Deutsch*)  此教材主要教授德语基础知识，兼顾训练各种语言技能，旨在使学生打好语言基础，掌握听、说、读、写、译的基本技能。此教材版面设计新颖，图文并茂，取材新颖，率先采用了“新正字法”，编录了德语语言国家最新事件和重要题材的内容。其中除课文、语法和练习等教学主干外，还配有大量选自原文的听说和阅读材料，且这部分均配有参考译文，便于学生自学。
日语	**教材一：**(《大家的日语 1》)《みんなの日本語 1》  此教材是初级日语教材，适合日语初学者使用，包含大量地道的日语会话，反映了日本风貌和日本人的社会生活及日常生活，以提高学生会话能力为主旨。 此教材以会话和句型练习为主，其配套的学生辅导用书有课文单词、句法解释及课文翻译等，能够帮助学生学习语法等相关知识。另外，网上可下载每课的会话视频，生动有趣，有助于学生愉快地学习。 **教材二：**人教版课本教材教科书初中日语  此教材是外国语学校的小语种班(日语)专用教材。它提倡使每个学生都有所发展，强调通过激发学生的兴趣使其掌握日语知识。同时，教材精选基础性强的、学生感兴趣的、贴近学生现实生活的和对学生有用的内容和话题，以活泼的呈现方式激发学生的兴趣，教学活动多样，能使每个学生都有所发展。
西班牙语	**教材：**《走遍西班牙》  此教材是外语教学与研究出版社从西班牙阿纳亚出版集团引进的一套原版教材。作为一套由西班牙专家编写的供外国人学习西班牙语的教材，其特点在于依托目前国际外语教学方面流行的交际教学法，通过色彩缤纷的图片，丰富多样、灵活生动的练习以及与教师、同学的互动交流，全面训练学生听、说、读、写各方面的能力。同时，此教材内容贴近现实生活，且每课课后都配有专门的文化点滴，能使学生现学现用，并且在学习语言技能的同时增加对西班牙语世界的了解。

3. 外语活动好精彩

(1)玩儿转外语

2012 年 10 月 31 日，在西方传统的万圣节这一天，天外举办了万圣节晚会，全校师生都融入全英环境，体验西方传统节日，感受西方文化。

活动在晚上七点半开始，学生们点上自己刻的南瓜灯，戴上各式各样的面具，换上精心准备的服装，化妆成各种不同的人物形象。“女侠”“小女巫”“佐罗”“蝙蝠侠”“小蜜蜂”等穿梭在人群中，还时不时会有“小魔鬼”“小幽灵”跳出来吓人。当学校领导、教师们戴着面具来到学生们中间时，可爱的孩子们赶紧抓住机会，调皮地说着“Trick or Treat”(不给糖就捣蛋)，找教师们讨要糖果。

学生们用环保材料制作活动道具，用万圣节的南瓜、糖果、蜘蛛等元素将教室布置得有模有样。课余时间，他们还用英语在板报上介绍万圣节的起源、发展及习俗等。

像这样的外语类活动，天外还有很多。学生和教师在活动中愉快地交流，自由地用英语进行表达，感受着语言的魅力。

(2)国际交流

2014 年 3 月 24 日下午，天外与美国科罗拉多斯普林斯基督学校、夏洛特基督教学校缔结姊妹学校签约仪式在天外会议室隆重举行。来自科罗拉多斯普林斯基督学校的校长戴安·米特女士、来自夏洛特基督教学校的校长艾伦·尼尔森先生等人来到天外。在参观了天外之后，中美校长分享了各自在学校管理、教育教学方面的经验和理念，崔校长代表天外与这两所办学历史悠久且均获得“优秀蓝带学校”称号的美国学校签订了友好学校协议，缔结为姊妹学校。

除此之外，天外还与英国国王学院、剑桥文理中学波士顿校区、美国愉快谷高中以及中国香港地区的明爱柴湾马登基金中学等学校缔结为姊妹学校。其中，美国波士顿文理中学的教师在天外开展了教学研讨课，为天外双语教学提供了新思路。

缔结姊妹学校，促进了国际双向学习交流，使双方学校在课程设置与研究、外籍教师支教、高端科技应用等方面加深了互通共享，也开阔了天外师生的国际视野，促使天外的国际化进程向前迈进了一大步。

此外，法国驻广州总领事馆法语推广专家的来访，与美国驻广州总领事馆专家、加拿大教育官员、北爱尔兰留学生的交流，也丰富着天外的英语课程。以“世界公民课程”为载体，天外学子前往英国牛津大学、剑桥大学，美国哈佛大学等教育基地进行学习。这些课程无不拓宽着学生们的世界眼光，提升着他们对多元文化的理解力。

4. 外语学习好出彩

天外的班级容量一般为30人，为突出外语教学的特色及优势，天外所有的英语课都实行将原班级一分为二的小小班教学。学生动口动手机会更多，师生互动机会更多，信息交流频率更高，避免了“哑巴英语”的形成。外教口语课也形式多样，有英文朗读、知识竞赛、原声配音、即兴表演、演讲比赛等。

于是，天外学生学习外语总是那么上进，总是那么出彩。天外的外语教师们是这样说的——

德语 Martin 老师：

I call them my “little geniuses” , some of the smartest students I have ever taught. Most importantly, they are polite and respectful. I will miss them a lot!（我称他们是“小天才”。他们是我教过的最聪明的学生中的一部分，最关键的是他们有礼貌、懂得尊重。我会十分想念他们的！）

德语课堂(一)

德语课堂(二)

德语谭老师：

给我印象最深的是一位名叫邓亦凌的女同学，她对德语的学习兴趣很浓，其他同学下课后马上就走了，只有她还向我请教。虽然她的期末考试成绩不是最优秀的，但我知道，她学习德语的状态会越来越好。

有一次上课的时候，我无意中提到了“民族大迁徙”这个概念，很快就略过不谈了。但有一位男同学不仅记住了这个名词，还特意回去查资料，在下一周的课后向我请教，因为他觉得，学习一门语言不仅仅是学习它的词汇和语法，了解它背后的历史、文化才是最重要的。

法语黎老师：

初一法语(2)班是一个活泼而又热情的集体。你们都很热爱法语学习。我一开始担心你们在课堂上吵闹，但后来发现与你们互动良好，课后还经常交流法语学习经验，我们之间的互动越来越好。我印象最深刻的是，有一次我在课上播放了法国著名歌剧《巴黎圣母院》片段之后，有很多同学周末在家把全集都看完了，第二周上课时跟我交流观后感；还有同学利用课余时间学习歌剧里面的歌曲，模仿着唱出来。你们活泼可爱、热情洋溢，相信我们在下学期还会拥有更多的欢乐时光。

法语课堂

日语叶老师：

初一日语教室的电脑触摸屏不太好用，有时候打开 PPT 有点儿费劲。上周班上有位男同学看不过去，就跑过来跟我说：“老师，下周我给你带个无线鼠标啊。”我说：“不用，我担心会把你的发射器弄丢。”然后我就忘记了这件事。结果第二周上课，一个红色的无线鼠标就静静地躺在讲台上，而发射器已经在电脑上装好。我看着自己满是粉笔灰的双手，就没用那个鼠标。那位男同学看见了就跑过来问：“老师，你为什么不用无线鼠标。”我无奈地看看我的双手。他说：“没关系的，老师，我拿纸巾给你。”然后他拿了纸巾跑上来递给我，我还没来得及说谢谢，他就跑下去了。真的是很可爱的学生。

日语课堂

和雅特色课程是一个庞大的体系，我们从理论到实践，一步一步地将其创建起来，以“和而不同，雅而有致”为理念，注重学生各方面素养的提升，使学生彰显绅士风范和淑女气质。

“路漫漫其修远兮，吾将上下而求索。”和雅特色课程的开发还处于探索阶段，特色化建设的路依然漫长。

回眸往昔，天外师生看到了创业时筚路蓝缕的冲天豪气，听到了创造辉煌的激情呐喊。

展望未来，天外人在千帆竞发、百舸争流的航程中，迎着旭日，劈波斩浪，终将秉承“和雅君子，世界公民”的办学理念，书写出和雅特色课程最为绚烂的一笔。

和雅特色课程建设，风雨兼程，但天外人一直在路上。

第三章

课堂：和合活力，动静雅趣

联合国教科文组织的《学会生存》一书中有这样的阐述："我们要学会生活，学会如何去学习，这样便可以终身吸收新的知识；要学会自由地和批判地思考；学会热爱世界并使这个世界更有人情味；学会在创造过程中通过创造性工作促进发展。"

教育不是灌输多少知识给学生，而是唤醒学生的求知欲望。教育是唤醒，以激励、正向的引导去唤醒，去呵护学生的成长，尊重学生的个性差异。

教学是一门艺术，它需要教师用心去领会；教学是一面镜子，它让教师看到自身的不足；教学是一片沃土，它让教师与学生一同成长。为了让学生在课堂上快乐地学习，天外在课堂实践中不断探索、创新，致力于塑造"和合活力，动静雅趣"的和雅课堂文化。

一、催生学力的课堂境界

(一)课堂结构灵动样

你从来就不会过度死板，没有严格的规矩，你似乎本来就深谙人的本质比形式更重要。我从未见过如此活跃涌动的课堂，所有人各抒己见，不需要站起来，双手放在背后，毕恭毕敬地、小心翼翼地说出自己的意见；不需要双手叠放在桌子上，脊椎如铅线般笔直；不需要仪态端正地举手十分钟，以博得一个提问的机会。可是，这里的人们又是那么容易沉静下来。当需要的时候，沸腾的场面可以在一瞬间凝固成鸦雀无声，漫天飞散的思绪和意见可以在一刹那收聚到最安静的一点。

以上内容是天外学子梁晋豪同学发布在网上的题为《天外，你究竟是一所怎样的学校》中的片段。他的描述，还原了一个天外课堂：每一名学生都很活跃，思潮涌动；每一名学生都积极思考，智慧涌现。

1. 教学模式的锤炼：小组合作

天外的教师有一个共识："课堂，应该是师生互相学习、共同成长的舞台。"在全国盛行的课堂改革浪潮中，无论是哪一种有效的教学模式，都体现了自主、合作、探究的新课程理念，这也正是天外追求的理想课堂。所以，学生的参与度，是天外衡量课堂教学效果的重要尺度。

陶行知先生曾说："只有民主才能解放最大多数的创造力，而且使最大多数人的创造力发挥到最高峰。"如何最大限度地调动学生的参与，激发学生的创造力，兼顾每一名学生的发展？在教育教学思考和实践中，天外找到了出路，那就是当前发达国家为提高教育教学质量而采用的方式——小班化教学。小班化教学的优势，在于它有利于开展小组合作，而小组合作的学习方式有助于学生提高学习效率，获得快速发展。

（1）理论依据

天外的课堂教学为什么聚焦于小组合作？从理论依据上看，主要受益于学习金字塔理论、马斯洛需求层次理论、群体动力理论、生命教育理论、建构主义理论等。

学习金字塔理论是美国缅因州国家训练实验室的研究成果，它用数字形式形象地显示了采用不同的学习方式，学习者在两周以后还能记住的学习内容（平均学习保持率）的多少。在学习金字塔中，学习保持率在30%以下的几种传统方式，通常为个人学习；而学习保持率在50%以上的，通常为团队学习，是一种参与式的学习方式。

马斯洛需求层次理论由美国心理学家亚伯拉罕·马斯洛1943年在《人类激励理论》一文中提出，他将人类需求像阶梯一样从低到高按层次分为五种：生理需求、安全需求、社交需求、尊重需求和自我实现需求。需求层次理论有两个基本出发点：一是人人都有需要，某层需要获得满足后，另一层需要才出现；二是在多种需要未获得满足前，首先满足迫切需要，该需要满足后，后面的需要才显示出其激励作用。

群体动力理论由美籍德国心理学家库尔特·勒温（Kurt Lewin）提出。该理论认为，一个人的行为（B），是个体内在需要（P）和环境外力（E）相互作用的结果，可以用函数式 $B=f(P, E)$ 来表示。该理论论述了群体中的各种力量对个体的作用和影响，并确信合作性群体的成效明显高于非合作性群体。

天外追求小组合作教学，因为这种教学模式是目前世界上许多国家普遍采用的一种富有创意的教学理论与方略；它是以合作学习的小组为基本形式，系统利用教学中动态因素之间的互动，促进学生的学习，以团体的成绩为评价标准，共同达成教学目标的教学活动；它能够发挥群体的积极功能，提高个体的学习动力和能力，达到完成特定教学任务的目的，改变了因教师垄断课堂信息源而导致学生处于被动地位的局面，从而激发了学生的主动性和创造性。

(2)小组合作新模式的困惑

自2012年创办以来，天外就实施小组合作教学模式。从组织形式上来看，每班的人数为30人，分成5个小组，每6人一小组围坐在一起。

对传统的教学模式进行形式上的改革很容易，但天外的小组合作教学这条路却充满了艰辛，因为天外所做的，是一场对传统的教与学的革命，是由内而外的变革。在“革命”的路途中，一路布满了荆棘，处处充满了挑战。

小组合作教学虽然在美国被普遍使用，但在中国还处于起步阶段。我国教师普遍接受的仍然是传统的教学方式。为此，从思想层面到具体操作层面，从教师的教育理念到教学方法，都需要重新进行建构。

在天外课程改革的过程中，有一件事让崔海友校长印象十分深刻。一天，一位教学经验丰富的优秀教师心事重重地走进校长办公室，用很无奈、很无助的语气对崔校长说：“校长，我不知道该怎样给学生上课了。”

一位经验丰富的优秀教师居然会说出这样的话，让崔校长十分惊讶，崔校长连忙询问缘由。这位教师回答：“我班上的学生在课堂上既不遵守纪律，在讨论环节中也如同一盘散沙，教学进度很慢，现在我很着急，但又不知道该怎么办。”

这个问题一定不是个例，必须要想办法解决。于是，崔校长召集全校所有教师，一同来讨论并解决这个问题。

在集思广益、广泛听取教师意见的基础上，天外不断探索与实践，提出了“和雅课堂”的理念和标准：秉持“和合活力，动静雅趣”的教学理念，以“先学后教，以学定教”的方法论，构建“自学、交流、展示、点拨、巩固、反思”的教学模式，让课堂充满“民主、和谐、活力”，呈现“聆听无声，讨论小声，回答大声，质疑有声”的特征。

(3)小组合作教学的探究

要想放手，就必须要把手拉得更紧；要想把课堂还给学生，就必须要让学生真正成为学习的主体，参与教学目标的设计与制订，自由选择学习内容、学习进程、学习方法，构建“自主、合作、互动、和谐”的课堂氛围。教师要善于挖掘学生的潜能和创造力，将自主学习、自主探究、自主创造、自主发展的机会还给学生。

天外的教师在每次研讨课后，都会就课堂教学的“小组合作”环节加强探讨，推广小组合作教学模式的优秀范例。对于小组合作教学模式的探究，天外未曾停歇，未曾懈怠。

小组合作教学是一个循序渐进的过程，廖敏玲老师的地理学科小组合作教学过程，充分体现了这一点。廖老师的小组合作教学探索经历了三个阶段。

第一，渗透小组合作学习阶段。

这一时期的学习形式：完成由教师编写的导学案。导学案由三大板块构成：自主学习＋合作探究＋学习反思。

第一板块“自主学习”，主要是学生通过自主阅读课本，填写关键词，对一节课的内容形成大致的印象。

第二板块“合作探究”，主要是学生通过小组合作，解决本节课的重点和难点问题。

第三板块“学习反思”，主要是学生对自己本节课的知识掌握程度进行总体评价，包括难易程度，哪些知识点比较模糊，哪些比较清晰；另外，还包括自己在本节课的总体表现、自己在小组合作中阐述观点的表现和任务完成情况等。

教师在这一阶段的任务是编写导学案，全批全改导学案。在这一阶段之后，学生初步学会了构建地理知识网络，培育了“聆听无声”的习惯，养成了“讨论小声”的品质。

第二，形成小组合作学习阶段。

这一时期的学习形式：小组合作＋评课。

小组合作是指学生以小组为单位申报课题，小组内部进行分工(如编写导学案、查找资料、制作 PPT、确定主讲人等)。

评课是指学生之间进行相互评价，取长补短，互相学习。在评课环节中，学生们思路很广，能够从教学内容的处理、PPT的制作、图文结合的情况等方面，对同学的讲解水平和小组合作情况做出专业的评价。每次地理课上最后几分钟的评课，就像一次地理教学研讨会。

教师在这一阶段的任务是对学生的备课情况进行跟踪了解，对导学案和PPT提出自己的意见；在学生评课的基础上进行点评；就章节的重点、难点和学生讲课过程中存在的错点或不足之处进行纠正，并在第二课时再进行梳理、巩固。

在这一阶段之后，学生们找到了地理学习的感觉和乐趣，对区域地理的学习方法已经基本掌握，并能按照where(哪里)—what(什么)—why(为什么)—how(怎么样)的基本思路进行分析，甚至能按照自己的分析思路整合课本内容。

第三，升华小组合作学习阶段。

这一时期的学习形式：开放性导学案+学生课堂展示。

开放性导学案以思维导图的形式出现，它可以帮助学生理解重点、难点，构建地理思维，还可以帮助学生明确所需地图册和课本素材，使其养成前后知识链接的习惯以及图文结合地学习地理的习惯。最让教师惊喜的，是学生在课堂展示中表现出来的质疑精神。他们的很多质疑都很有地理味儿。

教师在这一阶段的任务，首先是对课堂中学生提出的问题进行归类、梳理，组织和引导学生共同探究；其次是发现和分享每一名学生一点一滴的进步。

在这一阶段之后，有更多的学生积极参与到课堂中来，他们普遍希望自己能提出一个很好的问题；即使提不出问题，也可以在他人提出的问题中选择一个自己可以回答的问题。就这样，每一名学生的积极性都被调动起来，他们互相促进，使地理课充满了生机活力。

作为廖老师的学生，刁冠东感受着小组合作教学的快乐：

作为一位天外人，我对这种教学方法以及理念是十分认同的。记得在上地理课的时候，老师曾经说："同学们，你们现在的成绩十分重要，但是在未来，你们的素质和能力是更加重要的。"因此，我们每个学期的地理课，大部分都是由同学们自己来上课的。大家通过备课、制作PPT、讲课，提升自己的能力，学会了除了繁杂的基础知识以外更加重要的东西。这一过程充分激发了我们自主学习的激情，调动了我们学习的积极性，锻炼了每个人的信息知识处理能力、语言组织能力、动手能力、观察能力和团队合作能力。

小组合作教学模式，激发了全体学生的思考，关注了每名学生在课堂上的自我成长，并在学生之间形成了一股强大的相互期许、信任和积极互助的力量。学生通过这种学习方式，点燃了学习兴趣，具备了可持续的学习能力。廖老师不禁感慨："给孩子多大的舞台，我们就会收获多大的惊喜。"

廖老师能够探索出符合学生实际的小组合作教学模式，源于她对教育的追求，对和雅教育理念的坚持不懈。这在她的一次发言——《如何在学习中实现可持续发展》中可见一斑：

学习，对于我们人生中的每个阶段而言，有时它是一般将来时，有时它是现在完成时，但真正的学习永远是现在进行时。我所强调的学习，不仅仅是追求卷面上的成绩，更是我们作为"人"的真正成长。

首先，知识是暂时的，学科兴趣、学习思维和自己的思想才是成长中可持续的。

在学习过程中，你们是否努力培养自己的兴趣，构建自己的思维，沉淀自己的思想，拓展自己生命的广度？在地理课堂上，一个个宝贵的问题从你们的脑海中蹦出来：为什么世界上第一大河——亚马孙河，没有形成像珠江和长江一样发达的三角洲地区？如果没有青藏高原，没有喜马拉雅山脉，中国的气候会发生怎样的变化？中东的石油有一天衰竭了怎么办？……这是一个个多么了不起的假设和质疑！它们的意义不是任何考试成绩能够比拟的。因为这一切都告诉我，你们有了自己的思想，有了自己的质疑。每个问题的提出都预示着你们有了学习新知识、探索新领域的渴望和准备。有了自己的思想和视角，你们才能真正成为时代的弄潮儿。

其次，在学习中学会爱与担当，你们的成长才是可持续的。在学习过程中，通过与同伴、教师、父母的相处，培养爱与付出的能力，孕育自己慈悲善良的情怀，奠定勇于担当的格局，你们的人生会因此更加丰满和坚实。这一切与你们的考试成绩没有直接关系，但一定会与你们以后成功立足于社会、立足于自己服务的领域正相关。你们生活在一个高度讲究团队合作精神和能力的时代，讲究精神追求的时代。只有在学习中学会爱与担当，才会真正懂得珍爱生命、敬畏生命；只有学会爱与担当，才能在痛苦、挫折面前含着泪花阳光跋涉；只有学会爱与担当，才能在自己的领域专注与投入；只有学会爱与担当，生命才会因此更加坚韧和挺拔；只有学会爱与担当，才能焕发个人魅力。

最后，在学习中不断自我超越的精神和行动，才是成长中可持续的。人，有了自我超越的精神和行动力，生命也会因此彰显它的力度、气度和深度。每每在课堂上最打动我的，不仅仅是一直优秀的你们，更有一直比较内敛、沉默的你们第一次勇敢地举起手、勇敢地站起来表达自己的观点，哪怕非常紧张也站在讲台上展示、分享你们的学习成果，这是多么了不起的自我突破！每一个“0”的自我突破都是一个伟大的成功，只要迈出第一步，必定会有第二步、第三步……这是一条不断自我突破和超越之路，也是一条迈向成功的必经之路。

在学习中获得真正的生命成长，是我们一生都在进行的必修课，你我都在路上。愿思维和思想、爱与关怀、自我突破和超越，成为我们每个人生命中最璀璨的恒星！

(4)学习小组的构建

学习小组要成为一个互相促进的集体，其构建需要进行科学合理的配置。每名学生都是一个独特的个体，与其他学生相比，多少会存在差异。如何充分利用好这种差异，使之最大化地促进自我与他人成长，这是构建学习小组必须思考的问题。

天外的学习小组，每组 6 人。在对全班所有学生的充分了解之下，教师将他们的优势科目和短板科目一一列出，或将他们分成 A、B、C 三类进行组合，实现“组内异质，组间同质”。

组成小组之后，每组选出一名小组长。担任小组长的同学不一定是学习成绩最好的，但一定要是最热心、最富有责任心、组织管理能力最强的，以利于小组集体凝聚力的形成，同时起到良好的协调和沟通作用。小组长选出之后，教师还需对其进行培训，以充分发挥小组长的管理、组织、检查作用。

在课堂教学中，小组长是教师和同学们的有力助手，可以使小组获得迅速解决问题的力量。对于这一点，英语学科的杨婷婷老师有深刻的理解：

首先，要有一名强有力的小组长，特别是组织能力要强。一次，我利用小组讨论作业的时间在黑板上板书答案，结果小组讨论完了，我的板书还没完成，有些学生不知道自己该干什么，开始发呆走神。如果当时各个小组长都能发挥作用，组织组员一起订正已有答案，那么发呆走神的学生势必会减少许多。这一点需要教师在一开始就向小组长说明职责任务，并不断训练强化。

其次，小组要有分工合作的精神。在个别组的几次小组讨论、展示中，我发现有些任务是由小组长一个人完成的，这类问题在于小组长不懂分工，组员不会合作。关于这类问题的解决，教师可以从以下三方面做起：培养小组长的分工能力，教师充分放权；树立团队意识，进行合作观念的疏导；具体可在教学中采取小组竞赛的方式，并详细记录比分，适时针对比分做出赏罚，以激发学生的小组竞争意识。

在天外教师的眼中，每名学生都是充满活力和生命力的潜能无限的资源。我们相信，小组合作能让每个个体的能量都发挥到极致，能使教师更好地掌握每名学生的反馈信息，甚至是每个眼神和表情，而这些小细节都是合作学习效度最重要的体现。

在小组合作教学的实践过程中，针对小组的评价，我们最终发现：对学生而言，每一次展示、每一次交流、每一次自我突破，就是对自己最大的嘉奖。

天外生物科组的贺芹薇老师对小组合作教学模式有自己的体会：

小组学习是很能锻炼人的一种学习方式，在小组中必然会存在意见的分歧；处理分歧，求同存异，是其他教学方式不能带给学生的体验。课堂上，学生只听教师讲是单调的，他们通过讨论和交流会发现，组内和班上的同学都是自己的老师。学生在课堂上会不停地进行自我肯定、自我否定，以实现自我提高的目标，这比单纯的由教师进行肯定或否定要更有效果。

同时，让学生有话可说也很重要。学生的性格各不相同，并不都善于言辞，但很多时候单靠思考并不能达到交流进步的目的，所以这就需要教师来让学生有话可说。在生物课上，我要求自己设置的问题尽量贴近生活、循序渐进，让学生感到有话可说、有话想说。我的目标不仅仅是使学生答对问题，使他们真正有所收获才是我努力的方向。

我国著名教育家陶行知在《教学合一》中提及："先生的责任不在教，而在教学，而在教学生学""先生教的法子必须依据学的法子"。在天外的课堂上，学习的主动权始终掌握在学生手中。这就好比放风筝，教师是放风筝的人，学生就是那五彩缤纷的风筝。教师不失时机地拉一拉风筝线，让风筝借助风力翩翩起舞。

基于小组合作教学模式的天外课堂，追求人的信心境界与自强精神，追求学生今天的成长与明天的成才相统一。在天外教师看来，仅仅以单位时间内所教学科内容来衡量效率是偏颇的。学科内容不应该是课堂教学的全部，学习习惯的养成、民主的文化氛围亦是课堂的重要组成部分。可见，天外和雅课堂所展现的学习，是从学科内容扩展到更全面意义上的学习。

2. 教学模式的样态：诊断式

现代信息技术的发展，使得课堂不再是学生获取知识的唯一场所，教师不再是知识的唯一传授者，教师的课堂主体地位随之发生改变。课前，学生可以获取海量知识，并形成自己的观点，如此一来，教师的挑战主要来自海量信息和高度个性化的学生。为了应对这一变化，天外提出了“先学后教，以学定教”的诊断式课堂教学模式。

诊断，作为医学名词，意为诊视而判断病情及其发展情况。在课堂上，教师除了要有高水平的专业知识技能，更要有捕捉瞬间与精微之处的洞察力、准确的判断力和因材施教的行动力，这就类似医者的“诊断”角色。

(1)课堂诊断五环节

经过不断的调整和探索，天外的课堂逐渐形成了一个科学的五环节流程：自学把脉—互学观情—交流诊断—阐理治疗—反思康复。

第一，自学把脉。教师以导学案引导学生自学，这一环节以学生独自学习为主。在这一过程中，学生依据教师设计的导学案对新的学科内容进行梳理，消化并巩固相关知识，找出仍有疑问的内容；教师通过批改学生的导学案对学生的学习情况进行判断，即对学情进行把脉。这一环节通常要求学生在正式上课之前完成。

第二，互学观情。在课前或上课后的 5 分钟内，学生与同桌或周围同学进行交流，互相解决学习过程中遇到的问题，教师则巡查了解互学情况。

第三，交流诊断。教师将教学内容合理分配给班上的 5 个小组，每组派出一名代表在课上展示学习结果及心得。在这一过程中，全班同学可以不断提出问题，进一步解决学习过程中遇到的重难点问题。在这一环节，教师根据教学目标及前两个环节所掌握的学情进行分析与判断，为下一步讲什么做准备。

第四，阐理治疗。这是师生评议阶段。学习小组成员之间进行学习情况的评价。教师根据学情判断，进行有针对性的讲解，主要讲学生不会的、有疑问的、需要强化的和拓展延伸的内容，并对整个课堂的实际效果以及学生的表现进行评价和反馈，肯定学生的进步，并指出不足。

第五，反思康复。学生独立完成导学案和相关练习，进行课堂小结并反思。此外，在每天晚自习时段，天外也会组织学生对一整天的学习情况进行反思，每周组织学生对一周的学习和生活情况进行反思，每月对学生进行一次学习效果的考察。

(2)教师的三次诊断跟踪

在天外的诊断式课堂教学模式中，教师不再是课堂的中心，但是教师需要对课堂进行总体把控。在学生学习的过程中，教师要进行学情跟踪与分析。

第一，对课前准备的诊断。教师首先检查学生自学完成情况，并督促其按时按质完成，以确保每名学生都“有备而来”，养成良好的学习习惯和品质。

第二，对课堂节奏的诊断。教师要深入各个小组进行观察，及时诊断和处理问题，注意激活“冷场”，控制“过热场面”，使小组全体成员“动”起来。教师还要下组参与学习讨论，及时把握各组学习情况，灵活运用教学智慧，调控学习时间。

第三，对课堂效果的诊断。学生代表在展示学习效果时，教师要即时判断出学生的实际学习效果，依据学生已取得的效果，再进行“教”。教师课堂上的“后教”，由对知识的系统讲授转变为对海量信息的梳理、整合、提炼，去伪存真，去芜存精，推动学生的学习向更高层次发展。

教育专家林格先生说：“教育者唯一要做的事情，是保护甚至捍卫学生的主动性。”课堂如果是战场，教师就应该做幕后的军师，而不充当将军和勇士去冲锋陷阵；课堂如果是戏台，教师就应该做台后的导演，而不充当花旦去翩跹起舞；课堂如果是赛场，教师就应该做场外的教练，而不充当运动健儿去拼抢扣杀。教师应该从“前台”转到“后台”，从“课堂”退居“幕后”。

通过“先学后教，以学定教”的诊断式课堂教学，教师能够把握学生的实时学习动态，进行无痕的引领、有针对性的诱发和有创意的调控，使课堂充满生命活力。课堂教学所凸显的民主、自主、合作、探究的理念，有效地回应了当下信息社会对教育提出的新挑战，在更高程度上实现了“有教无类、因材施教”的教育理想。

天外教师将更多的时间放在课堂教学设计上，并带领学生一起探究，鼓励学生发散思维，不断开拓新的学习领域，激发学生强烈的求知欲，锻炼学生的总结反思能力，及时诊断出学生存在的不足，促使学生一步步向更高的台阶行进，并感受学习的乐趣，享受课堂的美好。

(二)课堂旋律声色谱

教学是一门艺术。教师带领学生在课堂上张弛有度地开展活动，通过更新教学理念，进行课堂建模，明确了教学的基本流程，树立了课堂规范。天外的课堂，教师和学生收放自如，动静皆宜。在愉悦的课堂氛围中，学生快乐而自由地成长。

教学是一种促进人成长的手段和方式。在教学中，教师要根据学生的生活方式、心理特征、个性发展来选择教学策略和手段。

处于青春期的孩子都是活泼灵动的，天外在“和合活力，动静雅趣”教学理念的指引下，让学生在高效学习的同时，获得更好的发展。

1. 质疑有声的课堂

科学的质疑精神，是创新人才必备的一种素质。创新人才要创“新”，就不能只是踏着前人的脚印走路，而是要有所发现、有所创造。这种发现与创造，就是从“疑前人所不疑”开始的。

古人说：“学贵有疑。小疑则小进，大疑则大进。”社会在不断地向前发展，一个问题解决了，又一个问题产生了。巴尔扎克说：“打开一切科学的钥匙无疑是问号。”爱因斯坦也说：“提出一个问题比解决一个问题更重要。”培养学生的质疑能力，是天外课堂教学的切入点。

（1）以导学案引导学生质疑

导学案，顾名思义，就是引导学生学习的方案。天外要求教师在上新课时，使用导学案引导学生自学。在教授莫怀戚《散步》一课时，语文科组的徐四英老师用两个晚上来设计导学案。导学案中第二部分的“质疑有声”，需要学生对课文进行深入思考，并提出自己的问题。原本，她对学生能否达到预设的教学目标或效果并没有太大把握，但在检查导学案时，她发现了惊喜：

在“质疑有声”中设置的问题，基本上都是课文的重点或难点，比如对两段景物描写的作用分析、对文章最后一段（文章的中心）的分析，等等。

我对这些问题做了充分的准备，打算在学生答不出来时，亲自出马以显示我教师的地位。

可是没有想到，在小组讨论后，学生们竟然把每一道题都探究得非常到位，并且不少学生的理解符合文本，又很有自己的个性，对问题的理解分析非常准确、深刻。比如，谭小雨就谈到对“整个世界”的理解，她认为现在很多人的世界中只有金钱、名誉、地位，人们钩心斗角，没有兄弟姐妹之情，没有孝顺之心，没有夫妻之情，更有甚者不抚养子女、老人。而文中的“我的世界”中却有这么和谐温暖的家庭，重视爱母亲、儿子、妻子，重视亲情，所以“我”很了不起。

还有的同学质疑文中孙子的行为，认为孙子肯定应该知道奶奶生病了，应该顺从奶奶走大路。

讨论后，又有同学质疑文中“我”处理问题的方式，他觉得“在到底走大路还是走小路”的分歧上，“我”不应该擅作主张，完全可以跟孙子沟通：奶奶生病了，我们应该照顾奶奶。而文中的“我”完全是一个大男子主义的典型，妈妈听我的，妻子听我的，儿子听我的。所以解决分歧时，“我”一个人说了算。如果有了沟通就会更加和谐，而且这样既抓住了一个教育契机，也告诉我们家庭出现矛盾、有了分歧，应该依靠相互的理解和沟通来解决，而不是依靠一位家庭成员的主观愿望。这是文章的败笔。

学生能够这样深入地理解文章，并大胆提出自己个性化的创意理解，这在我的意料之外。我第一次觉得上语文课原来可以这样的兴奋和激动。当然，我也感觉到了压力，不过有压力才有动力，有动力才会大踏步地前进。我时时刻刻提醒自己，一定要认真备好每一节课，否则就不会有进步，就要落在学生之后。

(2)从学习起点出发引出质疑

美国心理学家奥苏贝尔指出，影响学习最重要的一个因素是学习者已经知道了什么。从事语文教学已经11年的丁芳老师，一直在思考和探索：如何遵循天外倡导的“以生为本”原则，又保证单位时间内的教学效率？结论是，要从学生的学习起点出发来展开教学，而唯有能引起学生心灵共鸣的起点，才是恰当的课堂教学起点。

丁老师写下了一篇《从找准学生起点做起——谈如何优化教学内容和整合教学资源》的文章，分享了她的教学智慧：

怎样才能找到学习的起点呢？

第一，关注学生内在心理困惑，科学地引导学生生成问题。

《济南的冬天》是老舍先生的名篇，如果在其他学校，教师的常规做法是分析其中的比喻句、拟人句，得出济南的冬天温暖晴朗的特点，但是对于天外的学生来说，了解这些皮毛是远远不够的。

于是，我设计了让学生们自己预习课文，对文章提出自己的疑问的环节，根据学生们的疑问，确定教学目标：寻找温晴后的“温情”。课堂上，学生们提出了很多有深度、有价值的问题。例如，李金东提出：济南冬天的低温有零下十几度，且文中写到了下雪，而下雪至少是零度以下，为什么老舍先生却说济南的冬天是温暖晴朗的？李润泽提出：为什么要说全在山底下“晒”着阳光，而不说“沐浴”着阳光？结合这些问题，学生们逐步品味了老舍先生的语言之美，感受到了温晴背后是“温情”。

语文教研员董老师如获至宝，在区语文教研会上，拿起那一叠学生们提问的小纸条，一张张念，然后啧啧称赞："天外的孩子是神人呀！"

《看云识天气》是一篇说明文。我把导学案发下去后，发现学生们很容易找到说明对象及其特点，于是我就把教学重点放到了说明文语言的准确性和生动性上。我告诉学生们，这篇课文自选入教材以来几经修改，文章有很多处都做了改动，然后把改动前后的句子拿出来让学生们对比，比较编者为什么要这样改动，学生们觉得很兴奋，在比较、辩论中理解了科普说明文的语言特色。

第二，善于挑起新旧认知冲突，机智灵动地重定课堂起点。

《皇帝的新装》在以往教学中，教师多引导学生理解分析皇帝的心理描写，得出皇帝、大臣愚蠢虚荣的特点，而天外的学生早在上课之前就已经得出以上结论了。于是，我继续追问："他们真的愚蠢吗？既然这么愚蠢，他们的谎言为什么没有被识破呢？"由此引导学生去分析大臣的语言，体会蕴含在这些无以复加的赞美词中的各色人物自我保护的心机。学生马上就发现这些赞美词中的避实就虚和避重就轻。

老大臣对布的夸赞是模糊的、有弹性的："美极了！真是美极了！""多么美的花纹！多么美的色彩！""美极了"也好，"多么美"也罢，都没有具体的细节描述。到底是赤橙黄绿青蓝紫中的哪种颜色？到底是怎样的美丽图案？到底是什么质地的布料？骗子没说，人们便谁也不去发挥，只能用这种可进可退的话来虚张声势、自欺欺人。不但这位大臣，包括皇帝在内的所有人的赞美不都是空泛的一言以蔽之吗？就是没有一个人具体说出怎样的精致、怎样的华丽、怎样的无双。我们在嘲笑君臣愚蠢的同时，也不能不注意他们在做愚蠢事情的过程中避实就虚、避重就轻的精明与世故。即使在那个小孩子一语破的地喊出"可是他什么衣服也没穿"时，他的爸爸不是也拿孩子的"天真"做遮掩吗？传播真话的人们不是也用"有一个小孩子说"来做挡箭牌吗？到此，人们在是非面前明哲保身的心机昭然若揭。

学生马小玛马上就说："老师，生活中有很多人也是这样说话的！"你看，学生的所得往往比我们想象的要深刻。

总之，教师要做的是，想尽一切办法，找准学习的起点，优化教学内容，让学生在课堂上不仅吃饱，还要吃好，让每名学生都获得最大的进步。

学起于思，思源于疑。培养学生的质疑能力，鼓励学生积极思考，发现问题、提出问题、解决问题，是创新的先导。天外学生的质疑，是有高度、有内涵的质疑，他们已经形成并达到了“质疑有声”的课堂目标。

“质疑有声”不仅仅是一种学习方法的习得，更是一种学习品质的养成。学生提出问题，意味着学生对知识的深入思考、学习状态的高度专注，充分体现了学生积极主动参与课堂教学的状态，以及敢于表述自己观点的自信。

我们关注学生的质疑能力，是因为一个人提出问题的水平，往往也是他思考深度的体现。一个能提出优质问题的学生，其思想力也是深厚的。

2. 示范有色的课堂

为了充分发挥骨干教师在构建“和雅课堂”、新教学改革实践中的示范、引领作用，天外经常组织骨干教师定期、分批地开展示范课活动。

在示范课活动中，骨干教师们在课堂教学中渗透了“以学生为主体、以教师为主导”的教学理念，认真备课，精心施教。其他听课教师从中感受并学习骨干教师的教学方式。其实，在每一次示范课中，骨干教师都会尝试并在一定程度上呈现天外独特的教学模式，把每一次课都当作一次宝贵的尝试，为学科的建模积累经验。

在课堂展示活动结束后，天外教科研委员会便组织教师召开研讨会，让教师们各抒己见，交流各自的想法。通过这样一次又一次的听课、研讨，天外教师们进一步更新教学观念，为探索、完善天外的课堂教学模式打下坚实的基础。

骨干教师示范课活动是天外每学年坚持开展的活动之一。丰富多彩的示范课活动，能充分发挥骨干教师在教师队伍建设、课堂教学模式创新等方面的示范、引领作用，也给全校教师提供了一个交流学习的平台，为青年教师的成长提供了宝贵的蓝本，从而带领全校教师共建天外“和雅课堂”。

天外的课堂，是由师生共同谱写出来的美妙乐章。这乐章，由教师担任总指挥，由学生进行演奏。在此起彼伏的课堂旋律中，学生们自由地畅游、翱翔。

二、学科教学的别样形态

或许有人觉得上课是最无趣的事情，但在天外的课堂上，你可不会有这样的感觉！

看，这边的小组“嘻嘻哈哈”的，却在如火如荼地讨论着一道数学题；那边的小组忽然发出了一声尖叫，原来是想通了一道难题，全组正在欢呼呢！

如果你看到有同学在讲台上一站就是好几分钟，颇有把老师的工作给“抢”了的样子，那你可不要吃惊：这可是我们最有智慧的同学在上面抒发自己对这道题的看法呢，瞧他说的，连数学老师都不由得连连点头，赞不绝口呢！

整个课堂就是学生思维的舞台。我们自由发挥着，思维的火花碰撞着，在知识的海洋中奋斗着，拼搏着，进击着！

——学生　张瀚月

张瀚月同学用活泼生动的文字描写了数学课堂的一个场景，那是天外课堂一个小小的侧面，也是学生快乐成长的小空间。天外以“和合活力，动静雅趣”为课堂文化追求，全面实施课堂教学改革，其实质是围绕“以生为本”的价值理念探索适合学生发展的个性化课堂。

在天外各个学科的课堂教学活动中，处处彰显着“以生为本”的课堂价值追求。学生在教师的指导下，主动感知、体验、实践、参与、合作与交流；学习的过程成为学生主动思考，提高文化意识，形成积极情感态度的主阵地。

（一）语言学科效应实

母语的学习是最需要扎实的。在语文学科教学方面，天外进行的实践探索，呈现出学生对语文知识学以致用的魅力，展现出“和雅君子”的文化浸润之力。外语的学习是可以如学习母语一样自如而悦人的。在英语学科教学方面，天外进行的实践探索，反映了其作为外国语学校名副其实的独特做法，展现出“世界公民”的广阔视野。

1. 英语课堂深入发展

作为外国语学校，在英语教学方面，天外希望从这里出发，经过初高中六年的学习之后，走向社会、走向世界的学子，能运用纯正的英语进行交流。为了达成这一朴素的目标，天外自身也在不断地加强与周围世界的联系。

（1）独具特色的对外交流

2013 年 10 月，天外创办不久，剑桥大学出版社教学顾问加文·比格斯便莅临天外，开展了主题为“中学语法教学中的国际先进资源和教学的结合”的英语知识讲座。

在讲座过程中，他以丰富的肢体语言、生动幽默的话语带动现场的气氛，全场笑声阵阵。这笑声，也启发着在场所有天外的英语教师，重新审视自己对英语教学的理解。

2016 年 5 月 24 日，对天外来说是个重要的日子。这一天，天外承办了国际英语教学研讨会。

这次研讨会由广州市教育研究院和剑桥大学出版社联合组织，其主题是“如何在中学英语课堂上加强学生批判性思维发展”。广州市区教研员、省内外外国语学校校长及来自兄弟学校的英语骨干教师 200 多人参加了这次教学研讨会。中山大学教授夏纪梅、广州市高中教研员陈皓曦、天河区高中英语教研员柴秀娣、剑桥大学出版社大中华区总经理许玲、剑桥大学出版社教学顾问加文·比格斯及剑桥大学出版社华南地区教学代表古俊灵、凤凰城中英文学校校长沈建军，作为嘉宾出席了会议。

崔海友校长在会议致辞中谈及，自天外创办以来，学校就一直坚持把课堂教学改革摆在最重要的位置，希望能够培养出“具有国际视野、中华情怀，以适应未来世界对人才需要”的优秀学生。

来自剑桥大学出版社的加文·比格斯给大家带来了一场精彩的讲座。他用幽默的语言风格，结合生活中的事例与大家进行互动，气氛热烈。

天外的英语教师陈迪，展示了题为“A Balanced Opinion Essay”(“观点平衡的文章”)的读写课。课后，教研员陈皓曦老师、凤凰城中英文学校沈建军校长和加文·比格斯三位专家对陈迪老师的课堂和学生的精彩表现给予了高度评价，又对批判性思维在国内英语教育中的发展现状及遇到的挑战进行了深入探讨。在思想的交流和碰撞之中，在场的所有教师收获颇多。

培养学生批判性思维是中小学素质教育的重要组成部分，是培养学生创新精神和实践能力的基础和动力，也是天外在课程改革中十分关注的重要课题。天外作为外语特色学校，以语言的学习为载体，发展学生的思维，培养其创新能力和国际视野，并促进其了解文化、学会交往。

(2)联系日常的英语教学

学习语言最终是为了将其应用于实际生活中，为了让学生更好地得到学习。在具体的英语教学过程中，天外教师将英语与学生的日常活动相联系，渗透到休息、娱乐等各个层面中去，让学生在无形之中进入角色，充分感受到教学的民主和师生平等，形成激发学生创新的良好环境。

杨婷婷老师在上“Western Table Manners(西方餐桌礼仪)”一课之前，先要求学生了解相关的西方餐桌礼仪，使其进行知识储备和积累。上课之初，杨老师便让学生谈论自己所了解的西方餐桌礼仪；学生在有了积累之后，十分积极地举手发言，课堂气氛便很快被调动起来了；此时再导入课本知识，让学生学习西方人摆餐具的内容。在完成学习内容之后，杨老师给每个小组发放一套事先准备好的西餐餐具，让学生将所学与实际联系，进行运用，学生很快便掌握了摆餐具的方法，并乐在其中。

学生们喜欢新的变化，乐于接受新的知识。将学习的内容与学生的生活实际相联系，促进了教学改革，更激发了学生的学习兴趣。

除了在课堂内不断摸索新的方式，天外也会积极借鉴并吸收其他学校或教师的教学方式。2015 年 11 月 11 日，美国犹他州花园城市市长约翰·施普勒、美国费斯鲁德中学校长史蒂夫·布克等一行 10 人到天外交流访问。这一天，天外与美国费斯鲁德中学正式签订了友好学校协议。费斯鲁德中学校长布克与其夫人朱莉·布克给初二(1)班的学生带来了一堂有关领导力的课程，让天外学子充分体验了美国开放、启发式的课堂教学模式。

这次交流活动，加深了两校之间的了解，为天外带来了新的教学方式，也吸引了更多外籍教师资源，推动着天外的教育国际化。

(3)英语课堂的留白艺术

“留白”源自中国绘画艺术用语，原指在画面布局上留下空白，让人浮想，引人回味。此后，它逐渐成为中国艺术的一个重要审美观点。

在艺术上，无论是文学、音乐、摄影，还是戏剧、绘画，作品中的“留白”以无胜有，不仅显示出中国传统艺术的智慧，而且具有极高的审美价值。例如，南宋马远的《寒江独钓图》，一叶扁舟、一位悠然垂钓的老翁，整幅画面没有任何水的痕迹，但却营造了烟波浩渺的意境，所谓“此处无物胜有物”。

在当前的课堂教学中，普遍存在一种现象：教师为了让学生在有限的课堂时间内获取最大的知识量，盲目追求大容量、快节奏的课堂，整节课安排得满满当当。长此以往，教师疲于奔命，学生穷于应付。

面对这样的困境，天外英语学科的陈迪老师问自己：过于充实的课堂，会不会过犹不及？给课堂一份“留白”，会不会换来别样的精彩？

在有了这样的追问之后，陈迪老师开始有意识地在课堂中进行“留白”。人教版高二英语必修五第三单元 *Life in the Future*（《未来生活》）第五课时 *An Opinion Essay*（陈述意见的文章）的教学中，陈老师就在自创的“三段式读写教学模式”中运用了“留白”的教学策略：

这一节课的重点是巩固并应用本课提供的阅读材料，应用“以读带写”的仿写策略，从语篇结构（总—分—总）、句型（表达观点）这两个角度进行模仿写作，表达个人对未来生活中某些话题的观点和看法，从而实现最终的语言输出。

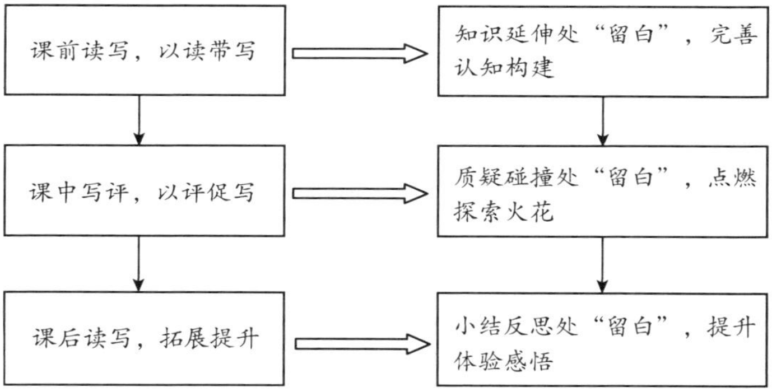

第一，知识延伸处“留白”，完善认知构建。

通过布置前置性练习的方式“留白”，能激发学生阅读期待心理，引导他们查找相关资料，培养其动手实践、主动获取知识的习惯和能力。在本环节，我通过导学案设计了两处“留白”练习：

①语言知识“留白”。

首先，我通过创设服装饰品的情境，准备了与穿着有关的各种类型的图片，让学生把对应的英语单词与图片进行匹配，唤醒学生的知识储备。这是读前激活思维的练习。

其次，创设情境，让学生为学校的教师选择制服，并且说出选择的理由。这是从词汇延伸到句型的过程。我引导学生对本课知识点进行归纳和总结，为写作环节做语言铺垫，同时培养他们敢于自我表达的能力。

②语言技能“留白”。

我在导学案的读后环节，让学生绘出学校教师制服的图画，并用英语对服饰进行描述。此处的“留白”，在于把学生的学习和生活结合起来，开发学生的想象力和审美能力，并为写作做知识技能的铺垫。

第二，质疑碰撞处“留白”，点燃探索火花。

孔子曰：“不愤不启，不悱不发。”朱熹注：“愤者，心求通而未得之意；悱者，口欲言而未能之貌。”“愤”和“悱”，实际上是学生进入积极思维状态前心理状态上的空白。此时，学生的注意力、思维、情感、意志等交织在一起，是智力发展的最佳时刻。教师要善于创设这样的空白情境，引导学生进入“愤”和“悱”的状态，点燃学生探索的热情，激活学生的思维。

在课堂上，我设计了“留白”，激发学生的兴趣，掀起课堂的高潮。我在课文的导入环节，设计了拉幕式的PPT，使用遮掩功能和学生们玩起了“校服猜猜”的游戏，激发了学生的好奇心，学生异常兴奋，反应热烈，形成了课堂的小高潮。

第三，小结反思处“留白”，提升体验感悟。

新课程改革要求学生能够在学习中体验，并结合实践，通过与生活实践相结合的教育得到感悟。这样的教育给了学生最深的体验，并使其在切身体验的认识过程中实现自我教育。

本课的最后环节，我安排了1.5分钟的香奈儿短视频播放，师生在音乐中体验、感悟和反思。画面中可可·香奈儿小姐优雅的身段、得体大方的穿着，用无声的语言向学生展示了艺术的美。香奈儿对艺术追求的理解，引领学生从本课的“校服”话题迈向“时尚”话题，引导学生思考什么是美，赏析和追寻美的优雅意境。

①拓展性阅读：我给出一段材料，让学生读后完成题目。

②拓展性写作：我准备了两个题目，让学生从中选择一个进行英文写作。

③我与学生分享关于服饰的名言。

时尚易逝，风格永存。

——可可·香奈儿

有人认为奢侈是贫穷的对立面。其实不是，奢侈是粗俗的对立面。

——可可·香奈儿

设计是一种永恒的挑战，它要在舒适与奢华之间、在实用与梦想之间取得平衡。

——唐娜·凯伦

我认为，优雅不是要传达低调，而是要抵达一个人非常精华的层面。

——克里斯汀·拉克鲁瓦

穿衣打扮是生活的一种方式。

——伊夫·圣罗兰

以上课例是陈老师在“2014 年天河区义务教育阶段(初中)特色学校现场会”上展示的学校特色文化渗透公开课，授课地点在南国学校，是异地教学，而且抽签的上课班级是该校的薄弱教学班。40 分钟过后，随着下课铃声的响起，意犹未尽的学生们依然安坐在座位上，看着屏幕若有所思。

课后，来自天河区教育局的领导、天河区各中学的教学管理人员及骨干教师都表示认可陈老师的“三段式读写教学模式”，以及教学“留白”策略的应用。陈老师也享受着教学理念实践化的喜悦，享受着“留白”带来的别样精彩的课堂。

陈老师在教学反思中写道：

英语课堂教学借助“留白”，可以激发学生的求知欲；可以让学生通过知识的自我构建来积累语言知识，培养技能；可以启迪学生的思维，使其感悟语言；可以培养学生的想象力，丰富学生的情感和对世界文化的认识。英语课堂教学适当“留白”，能让学生有所思考，有所探索，有所创造，形成的是一种语言教学所特有的韵味和幽远的意境。“留白”是一种机智的教学策略。

著名教育家苏霍姆林斯基说过：“最好的教育就是自我的教育。”教育不仅仅是简单的说教和无奈的责骂，更是师生共同经历、相互激荡的生命历程。天外的课堂尽管形式不一，但都追求学生能够在主动体验之下，同化并顺应旧的认知体系，达到出新的认知体系，达到学生“向青草更青处漫溯”的教学效果。

2. 语文课堂不断升华

天外教师以学习的指导者、帮助者、开拓者的身份出现在课堂，致力于为学生的发现、创造、表现提供更多的机会。在语文课堂上，学生充分发挥着自己的质疑精神，对文学作品大胆提出自己的思考与见解，使整个课堂迸发出思想的光芒。

(1)充满质疑的语文课堂

鲁迅是中国文学史上的巨匠，语文教材中选取了他的一些著名篇目。因为鲁迅的文章本身充满着对当时社会的思考与批判，为了让学生更好地学习并发扬质疑精神，在学习鲁迅文章的时候，天外的语文教师并不是简单地进行讲述，而是让学生去发掘问题。

在鲁迅的《最先与最后》一课的学习中，学生将这篇课文与鲁迅的《中国人失掉自信力了吗》相联系，提出了质疑：

《最先与最后》中有：“所以中国一向就少有失败的英雄，少有韧性的反抗，少有敢单身鏖战的武人，少有敢抚哭叛徒的吊客；见胜兆则纷纷聚集，见败兆则纷纷逃亡。”

《中国人失掉自信力了吗》中有：“我们从古以来，就有埋头苦干的人，有拼命硬干的人，有为民请命的人……这就是中国的脊梁。”

第一篇文章说中国人缺少勇气，都是软骨头，是懦夫，第二篇文章又说中国有很多有骨气、有勇气的人。它们之间是不是互相矛盾呢？

学生发现了这一问题后，教师就引导学生阅读鲁迅的其他篇目：小说《祝福》《药》《阿Q正传》、杂文《无声的中国》以及《呐喊》自序等，并让学生分享自己的读书体会。在大量阅读鲁迅作品之后，教师引导学生一起分析鲁迅作品中的国民性。如此一来，学生便有了自己的感受：鲁迅把国民劣根性“夸大”了（黄潇）；鲁迅只批判，不指正（袁瑜）；鲁迅的每篇文章都让人“心寒”（李雅洁、陈绮雯）。

这节课给学生留下了深刻印象，班上的牛伊宁同学写下了自己的感受：

记得初三时，我们曾对鲁迅的《最先与最后》进行过深入的阅读与探讨。大家对此各抒己见，碰撞出激烈的火花。同学们并未对经典盲目崇拜，而是带着批判、创新的眼光看待鲁迅及其作品。我们就两个主要问题展开质疑。

第一，鲁迅的作品是否“夸大”了当时的社会问题？

鲁迅笔下的人物很多都是冷血的看客，而且或善或恶的人们基本都没有什么好的结局。我们读完这些文章，感到很“心寒”。当时的社会真的如此黑暗吗？

经过大家的讨论，同学们普遍认为鲁迅的确对历史有些许“放大”。但是“放大”并不等同于“夸大”。“夸大”有危言耸听的意思，而鲁迅“放大”这些现象，与他弃医从戎、用笔做药，唤醒人们腐朽麻木的心灵的目的是一致的。人们越是麻木，这把手术刀就越要锋利，来割破腐朽的伤口，用痛感知现实。

第二，鲁迅的文章通篇只有批评，缺乏适用性的建议。

鲁迅文笔简洁凝练，却常常表达出深沉曲折的含义。但是他描述的通常仅仅是现象，没有自己的建议。就好比医生诊断出病因，却没有开出药方来。

在研究之后，我们认为其中的原因大抵有两点。一方面，在混乱之时，每个有思想的人都在寻求重振中华的方向，但是这是异常困难的。或许鲁迅在没有完全清晰思路的情况下，不会轻举妄动地提出意见（而且他是新文化运动的代表人物，并不是没有提出方向）。另一方面，更重要的是，鲁迅的写作生涯一直伴随着旧社会的迫害。为此，他一生用过上百个笔名，受到压迫，其作品被国民党查封、禁堵。这样的背景，造成他文章风格的隐晦。所以，为了使自己的文字能得到传播，他也根本没办法赤裸裸地提出意见。

这便是天外语文课堂的一角。我们在其中收获颇多。

鲁迅所处的时代，对于当今物质生活丰富、衣食无忧的初中生而言是不易理解的；鲁迅的语言风格，因正处于文言文向现代文过渡时期，对现在的学生而言，也显得较为艰涩。但是，天外的学生能够深入理解鲁迅所描绘的时代背景，并进行深入探究与分析，对文本解读的深度，着实让人惊喜。

(2)充满活力的语文复习

复习课与新课有着明显的不同，学生对内容已经有了一定的了解，复习是为了巩固所学知识。依据学习金字塔理论，教别人或者立即运用的方式，能使学生最大化地达成学习目标。天外的语文复习课，通常让学生来担任“小老师”，进行学习要点讲解。

符伟平老师在《马说》《小石潭记》这两篇古文的复习课上，采用的就是这种方式。让学生了解具体的环节和规则之后，符老师先给10分钟的时间，让学生组成小组，对主要知识点进行讨论。在此过程中，每名学生都要陈述思路或补充课文重难点，然后组内推举一名同学担任“小老师”，给全班同学讲解。符老师对课堂效果进行了描述：

活动开展后，课堂变得十分活跃。“老师，我们组先来讲!”后面几名学生把手举得高高的，满眼都是期待。我说：“大家给他们一次机会好吗?”掌声顿时响起。“好，现在这位同学就是老师了，大家要专心听讲哦，有疑问可以提出来，相信‘小老师’也会热情地为同学们解答疑难。”

讲了半刻钟之后，可真有疑问出来了。班上一位较为外向的女生举手提问：“老师，请问唐宋八大家分别是哪八位啊？有哪些代表作?”这个问题可把讲台上的“小老师”难住了。“小老师”一脸愕然。此时，我便从旁提醒：“你可以问问班上的同学，考考其他同学，他们可是你的学生啊。”“小老师”得到了启发，立刻点了班上的一位同学来回答。接着，他还引导着问：“××同学，你来补充一下。”就这样，学生们在群策群力中化解了难题，大家都觉得十分有意思。担任“小老师”的同学，因为这次经历，在语文学习中也变得自信多了。

随后，几个小组越来越踊跃，整个课堂沉浸在活力充盈的氛围之中。“乐在其中，乐在其中！老师，下节课继续啊，我们组还没尝试过呢。”学生们意犹未尽地说。

转变了教学方式之后，第二天，学生们交上来的作业明显比以前认真了，随堂检测满分的比例也提高了不少。

（二）教学创新经验佳

创新是引领发展的第一动力。无论在教学研究上，还是在技术应用上，教学一旦创新，往往就能够促使教师更会教，学生更会学。天外在同课异构和微课应用方面，进行了不懈的探索，积累了丰富而有效的经验。

1. 地理课堂的别样主张

从教学经验走向教学理论，从教学思考走向教学思想，是一位教师从优秀走向卓越的过程，也是形成教学主张的过程。有着不同教学主张的教师，对同样的教育教学问题，会有不同的观点、立场和见解，显示出各自的教学个性、特色和风格。

天外的廖敏玲老师就有着自己的教学主张，并以教学主张指导课堂实践，形成了有效的操作框架：我的知识结构梳理—我的提问—我们的交流展示—课堂小结。

运用以上操作框架教授《青藏高原》，廖老师呈现出的是独特的教学思路，也展现出天外“和合活力，动静雅趣”的课堂意蕴。

第一环节——我的知识结构梳理。学生用最快的速度对课本进行预习，并且按照自己的方式罗列本节课的知识要点。刘冀瀛同学用她最擅长的树枝状思维导图方法罗列，张清源用提纲法罗列……通过对学生预习情况的了解，我对这节课真正的重点和难点做初步诊断。

第二环节——我的提问。随着梳理结构的步伐，各小组展开不同程度的思想碰撞，随之紧锁眉头也讨论不出来的问题，学生们陆陆续续写在了黑板上。例如，“黑马组”写着：“青藏高原地区海拔高，离太阳更近，但是怎么那么冷?”；“赛马组”写着：“如果没有青藏高原，中国的气候会发生怎样的变化?”；“白马组”写着：“什么叫河谷农业，为什么会有河谷农业？在别的地方还会有同样的农业类型分布吗?”……这个环节总是最精彩的，因为我不知道学生们脑海里会蹦出什么样的火花，也更加期待他们对这些问题各抒己见。思想碰撞出智慧的火花，让我觉得课堂就是知识生产的天堂。学生们对知识的习得，来得如此铿锵有力，又内化得如此润物无声，师复何求?!

第三环节——我们的交流展示。本节课的主讲是李润泽和欧阳语两位同学。这两位同学在两周前已经做了深入的钻研并做好了PPT，但两位同学面临的最大挑战不在于准备，而在于思考同学们提出的问题、聚焦的重点和难点。如何在短时间内进行整合重组，既不重复同学们经过讨论已经解决的问题，又能一矢中的、言简意赅地解决问题，这个环节承载着同学们的期许。他们对于同学们提出的其他问题都能解决到位，其中比较棘手的问题是“黑马组”提出的“青藏高原地区海拔高，离太阳更近，但是怎么那么冷?”这时候是我大显身手的良机，所谓“不愤不启，不悱不发”的关键就在于此。我借此机会渗透高中的学习内容——大气受热过程及大气保温效应，向学生们讲清原因。学生们都觉得自己太棒了。他们在这一过程中获得的成就感和满足感，必然孕育着更强大的求知欲望和浓厚的兴趣。

第四环节——课堂小结。当学生们还沉醉在对本节课的重点和难点探讨之中意犹未尽时，我说马上带他们去一趟青藏高原。学生们都懵了，可能吗？绝对可能！我把自己去西藏拍摄的有代表性的照片——飞机上鸟瞰的雪山、黑黝黝的藏民、河谷农业分布、油菜花、青稞……制作成视频，并配上《青藏高原》的歌曲。学生们从一段4分钟的视频中，非常直观地认识了书本上和心中的“青藏高原”。最后，我结合目前广州还是“清明时节雨纷纷”的天气，华北地区正处于“春雨贵如油”的春旱，“青藏高原”总是“高处不胜寒”，梳理气候与当地自然环境的关系、自然环境与人类生产活动的关系。

这节课是一节知识和艺术完美结合的地理课。学生们从中学会了从另一个角度去欣赏和品味这个世界。

新课程改革不止一次地呼吁教师的转型，呼吁尊重学生的主体地位，但是，这些迫切而又正确的教育呼唤却常常成为空口号，处于十分尴尬的境地。事实上，在现有的中国教育框架之下，由于人们很难看到调动学生主体行为的探索的成就——很难从升学率上去判断它的成效，也就无法从直观的能见度上去感受，更难以用统计学的标准去测量学生今后的人生成就。于是，在这样的时刻，愿意脚踏实地、敢于深入地坚持改革或转变的教育团体，就变得极为稀缺而珍贵。

天外在短短6年时间里就创造出奇迹，在于拥有一支无怨无悔、热爱教育、崇尚快乐的教师团队。短短6年的时间，天外在教育与考试、素质与成绩、能力与分数之间努力地寻找着平衡，在课程改革的路上探索着，努力让每一名学生在天外获得成绩与能力的双丰收，并使之养成独立的人格、自由的精神。

天外教师从教育本质出发，坚持把课堂空间还给学生，把课堂时间还给学生，把课堂质疑问难的权利还给学生，把探究性学习的权利还给学生，使课堂成为师生展现智慧的场所，成为师生共同进步的舞台。在小组合作教学模式之下，天外学子大胆地发出质疑，展开心灵与心灵的对话，进行智慧与智慧的交锋。天外课堂上的民主、平等、愉悦，包容着生命的暂时缺陷，也呼唤着它的智能觉醒。

2. 物理课堂的微课创新

罗丽鸿老师是天外最有名的教师之一，她深得学生与家长的喜爱。许多孩子不听父母的劝告，家长就会找罗老师来帮忙；有时候，在说话前加上一句“罗妈说了……”，效果都会好上好几倍。

在微课开始流行后，为了使听课节奏慢的学生不掉队，罗老师就尝试做微课。微课是运用信息技术，按照认知规律，呈现碎片化学习内容、过程及扩展素材的结构化数字资源。微课的核心内容是课堂教学视频，它既有别于传统单一类型的教学课例、教学课件、教学设计、教学反思等教学资源，又是在其基础上延伸和发展起来的一种新型教学资源。

在运用微课之后，罗老师有了以下感想：

我在学生中试了一下微课教学，他们感觉很好。之后，我又大胆尝试在微信上注册了公众号“萝莉物理”，每天在微信上发微课，这样，假期时，学生们每天花不到 10 分钟的时间，就可以学物理了。很快，在家长群中，我的微课开始疯传，不是我教的班，家长也在传。初一、初二的家长也开始关注“萝莉物理”，一些准备考天外的“天粉”也关注了，家长们的亲戚朋友也关注了，天河区、广州市的物理同行也关注了，就连毕业学生的表弟堂妹也关注了。在天外第一届毕业生的百日誓师大会上，我作为教师代表的发言，也做成了微课，网上的日点播次数达 2983 次。

总有老师问：“你做这么多不累吗?”我说：“累啊，我都累病了。”2014 年，我突发心绞痛，2016 年又住院。在住院期间，学生们都跑去看我，一个班的学生涌进病房，挤到没位置。领导去看望我，学生们轮流看护我，给我送饭，让我非常感动。我深深体会到了领导们、同事们、孩子们、家长们对我的关怀与关爱，所以再辛苦，也值得了。

在我眼中，成功不一定是得到多少奖状、多少荣誉，而是在教师职业中的我值得尊重。看看这些可爱的学生，我愿意用毕生的精力去贡献真诚、真爱、真心，把每名学生都当成自己的孩子一样教，陪他们一起享受成长的快乐、烦恼，甚至是麻烦。

学生是我快乐的小伙伴，课堂是我快乐的源泉。快乐是我创意的灵感来源，也是我更加勤奋的动力。教育是我快乐的副产品，人生因快乐而精彩、而完美、而辉煌！

除了精心制作微课之外，罗老师利用假期，针对课堂内容以及天外的教学特色，专门编制了一份导学案。这份导学案与市场上的教辅材料比起来有8个特色：其一，每节课安排40分钟的容量；其二，专题课另配课后作业巩固；其三，课堂讲到的知识要点部分，关键地方用填空的方式，以解决学生大篇幅抄笔记时无法听讲的矛盾；其四，每章后都有空白页，需要学生自己总结单元知识网络和重点，并有单元试卷粘贴处和试卷自我分析及反思；其五，最后还会附几张空白页，供期末复习时做补充和草稿纸用；其六，每个班的封面颜色不一样，这样一来容易分辨，既防丢又好找；其七，每个小组用的标签颜色不一样，这样可以培养组内同学的集体荣誉感；其八，每个班不爱写作业的学生导学案封面的颜色与其他同学不同，这样能给学生一个警示，防止他们浑水摸鱼，也使教师收上作业后一目了然。一学期下来，学生奉这份特制的导学案为神书。

天外的教学不一样，就在于植根于学生，真正以学生为主体。学生自己备课，自己制作PPT，自己上课展示，讨论过程中争论激烈，形成了“和合活力，动静雅趣”的和雅课堂文化，真正做到了把课堂还给学生，让学生做学习的主人。

在天外的课堂上，师生共同成长，彼此成全，共同构筑起最美的教学样态。

第四章

德育：和养自主，自正雅行

“如切如磋，如琢如磨”是中国历史上第一部诗歌总集《诗经》中《淇奥》篇对君子自我修养的描写，是指君子的修养，如同加工骨器，切过之后还要磋，又如同加工玉器，精心雕琢之后还需细细研磨。

器物的炼成，尚且需要切、磋、琢、磨等多道工序；人的成长成才，更需如此。与器物不同的是，人具有主观能动性，能够自己对自己开展教育，自己对自己进行雕琢。决定学校朝气及教育方法的因素，乃是教育内容。学校教育，特别是德育，需要强调学校与社会的相互作用，需要在适当的舞台上和良好的氛围中加强有效训练，才能活化学生的主观能动性，进而促使他们自我教育、雕琢成才。

天外提出“和养自主，自正雅行”的德育哲学，以信任、爱、尊重为出发点，营造全员德育的氛围；以充分发挥学生的自主性为前提，引导学生一步步向君子的目标前行。在多姿多彩的德育活动中，天外学子参与体验，进而在体验中进行着心灵的涤荡，享受着校园生活的金色年华。

一、发掘潜能的德育引领

(一)道德价值人人炫

什么是道德？在中国传统文化中，道德一词由“道”与“德”组合而成。

道，在《道德经》中有这样的阐述：“人法地，地法天，天法道，道法自然。”这里的“道”就是指自然之中存在的秩序和规律。在西方，“道”是“logos”，指世界上可被理解的规律。

德，在《论语集注》中有这样的阐述：“德者得也，得其道于心而不失之谓也。”“德 ”有“得到、获得”之意，是对“道”的遵循。在古希腊，德性即“arete”，指事物的本性和特性。

无论是对“道”的解释，还是对“德”的阐述，都表明道德是一种规律，是人与生俱来的特征。道德作为一种天性，外化在人的行动上，就表现为一个人的德行。故而，一个人的心中有道德，他的行动中就能见美德。

古有“修身，齐家，治国，平天下”的训诫，今有“培养德智体美全面发展的社会主义建设者和接班人”的教育指导方针。古往今来，对道德修养的培育始终是第一位的。学校作为教书育人的专门场所，教育学生养成沐浴心灵的习惯，是其首要职责之一。

天外的德育追求是，在“和雅君子，世界公民”办学理念的引领下，充分相信学生，充分尊重学生，以“和养自主，自正雅行”的德育哲学为指导，让德育的行动与实践落在实处，让德育的价值与追求和办学理念完美结合。

1. 全员参与的德育

随着天外小班化教育的实施，传统的班级管理模式也有了突破的空间。天外逐渐建立起全员育人的德育体系。与其他学校不同的是，在天外，德育不仅是班主任的事情，而且也是所有教师的事情。每位教师不仅要负责学科的教学，还要关注学生的心理、情绪和人际交往。在这样的德育体系下，每位教师都是学生成长的引路人，每位教师都是学生的成长导师。

全员德育，是天外的一大特色。在这一机制之下，全体教职工都参与育人，都担任班级教育小组的德育导师，每位导师负责 8～12 名学生，直接对学生的住校生活和学习负责。导师关注学生从入学至毕业的整个教育过程，从学生的学习、生活到德育的各个方面和环节，对学生进行整体性和一贯性教育、引导和指导，切实贯彻“全员育人、全程育人、全面育人”的现代教育理念，促进学生全面发展。

在天外，每天都有班级教育小组导师会，班主任召集德育导师、科任教师共聚一堂，专门针对受导学生进行反馈、分析、诊断、研讨，再进一步与受导学生本人、家长进行细致的沟通。

(1)心灵的沟通者

德育导师是孩子和家长之间的润滑剂。孩子步入青春期之后，与父母的关系不再像从前一样亲密，有时甚至还会产生隔阂。这时候，在孩子与家长之间架起一座桥梁，可以让孩子更好地应对青春期的迷茫。

有一次家长会，我负责的德育小组的一名学生给我捎了一句悄悄话：“老师，想到我妈妈拿着我成绩单时的愤怒，我就觉得很恐惧。”家长会那天，我与家长们沟通了如何看待成绩的问题。

后来，那名学生很高兴地告诉我，她的父母并没有批评她，而是跟她一起找出问题所在，并思量接下来的学习规划。

——地理科组教师　廖敏玲

高一(4)班的小睿是我德育小组的成员，初中时我已经教过他三年了，对他比较熟悉。在学校，我常找小睿聊天，了解他当前的学习情况。我也时常通过 QQ 与小睿妈妈沟通，以了解他在家的表现和出现的问题。比如，对于手机的使用，小睿妈妈反映，周末在家，他会玩儿手机玩儿到很晚，有时甚至玩儿到凌晨。所以，小睿妈妈要求他一回学校就必须将手机交给班主任管理，周五回家前再领回去，杜绝在校期间玩儿手机。又比如，有老师反映小睿的作业没有及时上交，我马上跟进了解情况，然后督促他必须按时交作业等。

一学期快要结束了，希望小睿能在期末阶段好好复习，取得一个满意的成绩。我也将会继续按照一个合格德育导师的标准，对他进行关心、敦促和帮助，期待着他的“芬芳绽放”。

——体育科组教师　但堂久

今天和小冉聊天，他忍不住几度流泪，我有所感触，想和您一齐分享。这两天，第一次月考成绩陆续公布了，小冉感到很迷茫，不知道该怎么办。后来他谈到，感觉压力比较大，他知道初三这一年要努力，可是总觉得自己得不到回报。他明白家人对他的期望，很理解妈妈望子成龙的思想，也很努力地在做您心中的好儿子。您对他的期望、对他的鼓励和督促效果是最大的，他也很明白您对他关心得最多。

但是这次成绩出来后，他担心没有考到年级前20名，回去不知道怎么面对您。我和他一起探讨了在家的学习情况。孩子说，感觉周末就是上补习班，然后玩儿会儿电脑，再继续学习，只是换了一个地方学习。不知道什么时候，家里好像变得很沉默，而且也只谈成绩。他自己也很迷茫，不知道为什么，忍不住对爸爸妈妈发脾气，他觉得这样做不对，想尽量尝试改变这种现状。

您给他发一些“尖子生养成”“高效学习方法”一类的微信文章，他完全知道您的出发点是为了他的好，不过每天的灌输也给这个青春期的孩子带来了烦恼。其实，他很希望您可以跟他聊一下成绩和学习以外的东西，校园里有趣的事、他身边的朋友、他的身体、他的作息。谈到这些家庭话题的时候，这么一个快一米八的男生，忍不住好几次掉眼泪，让我感到很心酸。我想，是不是目前他已经给了自己很大的压力，而家庭的某些以往的压力又给他造成了一定的负担？在家里，在关注他的学习之余，家长多关注一下他生活的其他方面，不知这样是否合适？

——数学科组教师　王洁凌

王老师，您好！谢谢您告诉我小冉的现状，他能敞开心扉跟您谈心，我非常开心。可能是因为小冉这次考得不太理想，情绪才不太好吧。其实他自己也很在乎成绩，我并没有给他太大的压力，只是我觉得他在学习能力方面有所欠缺。譬如周末回到家，他做每一样作业都喜欢坐在电脑跟前，不知他是在玩儿还是在边做边玩儿，而且喜欢带着手机，这样学习效果肯定不理想。我跟他说不能这样，但他做不到，不听劝。之前，有时候我会生气骂他，导致他性格急躁，容易发脾气；到了初三，我感觉他脾气好了很多，不会总是对我们发脾气了。他在家做什么事情，我基本上都会跟他交流，让他知道做每件事情的利弊，点到为止，让他学会自我管理。

另外，我感觉他在学习上没有养成复习的习惯，不去归纳和总结，为了做作业而做作业，碰到不会的题目就会在网络上搜索，也不去看书本，我觉得这样很致命。到了初三，所有科目都有一定的难度，不是单纯的听课、做作业就能学好的。这是我在家看到的他的学习状态，不知他在学校是怎样的。

——小冉家长的回复

成长是一件不容易的事情，青春期的孩子尤为不易。每个孩子都渴望被爱、被呵护，有了教师和家长的理解与支持，孩子才能快乐地度过青春期的迷茫与无助。天外的德育导师，密切关注着孩子的成长，努力与家长一起，为孩子共建一个和谐的成长空间。

(2)转化的促进者

每一个孩子，都是一块璞玉；玉要成器，就需要不断打磨。学生是一群正在成长的孩子，虽然他们已经具备了一些基本的判断能力，但仍然需要他人的引导，才能成为更优秀的人。德育导师，顾名思义，就是发现学生的优点，帮助其修正不足的教师，就是打磨璞玉之人。

一名大家都不喜欢的学生，在教师的指引下，逐渐被接纳。这离不开德育导师陈慧菲的一双善于发现的眼睛：

从军训开始，小昊这个高高的身影就不停地映入我的眼帘。站军姿时，最不认真的就是他；走队列时，动作最不规范的也是他……在教官和教师的眼中，这个不听指挥的小子就是个“刺儿头”。

开学以后，不参加早锻炼的有他，早读课迟到的有他，卫生情况极度有问题的也有他……面对这样一个没有养成良好习惯的学生，我必须先让他学会尊重。于是，一场我们彼此从未有过的体验，就这样拉开了帷幕。

那天，我们要商量运动会排练的事情，需要班上3名高大的男生反串草裙舞表演。很多男生一边扭捏不愿意，一边又觉得很有意思。当我指派到小昊同学的时候，他很生气地拒绝了。当时的气氛很尴尬，大家都看着我，等着我发火批评小昊不懂礼貌。但我压住了内心的火，直接问下一位同学，继续挑选演员……

不料，突然传来一声尖叫，原来是小昊桌上一个装着奶茶的瓶子洒了，他在移动书籍时，又不小心让奶茶洒了一地。我不说话，等着他主动起来，把地上的奶茶拖干净，结果他无动于衷。我的火真的冲了上来，严肃地说：“不是不能把饮料带进班吗?”他还顶撞：“又不是我碰洒的！”“赶紧把地板拖干净！”我甩下一句话。这时旁边的同学趁机投诉：“老师，他的座位周围都是垃圾，抽屉里全是蚊子和果蝇……”我感到其他同学已经带有厌恶的情绪了，于是及时制止了大家的投诉。一次挑选演员的活动勉强地进行了下去。

当晚，我跟小昊妈妈进行了长达两小时的沟通。那一次，我终于知道了，这是一个需要关爱的孩子。他父母工作太忙，常不在身边陪伴他，总是由保姆包办一切，他的生活自理能力极弱，为人处世也非常不当。他需要更多的时间来调整，相对于同龄孩子来说，他最需要的就是关爱；因为缺爱，才要补爱，爱足够了才能让他慢慢放下恐惧，放下戒备，从而给予身边的人更多的爱。

一次偶然的机会，我了解到小昊小学的时候很爱主持，主持功力还很不错，于是我直接推荐他作学校艺术节的主持人。他也很珍惜这次机会，每天准时去排练，自身的卫生情况也有了好转，他和同学们的关系自然也缓和了。

杜威曾指出，生活就是向环境施行动作的自新历程。生活的历程就是教育的过程。天外的每名学生，在寄宿制的校园里，就是由班级教育小组的德育导师们引领着不断前行的自我转化者。德育导师的工作，就是不断地给学生提供激励和唤醒，不断地调整学生成长的时间与空间。

(3)矛盾的解决者

一次英语单元测验开始没多久，小强就说肚子疼，要上厕所。时间过去了十几分钟，他还没回教室，英语老师却在拐角的电脑室窗前发现了他。英语老师很生气，决定把他带到办公室。在走廊里，师生之间不小心有些身体的触碰，英语老师以为他还想打老师，于是要求班主任上报学校，对小强进行严惩。

小强坚持说："我不是不想考试，确实是肚子痛。我在厕所蹲了很久，在电脑室窗前才看了几分钟。刚才老师拉我的时候，我甩了一下手，是不小心碰到了他，但我绝对没有想打老师的意思。"说完，他还摆出一副死不屈服的表情。

班主任徐四英老师让他去心理园地的办公室等她。随后，徐老师面带微笑地走进心理园地，和已经平静下来的他进行了交谈；并告诉他，英语老师常常称赞他，说他聪明、善良、热心；开学时，他和班上其他几名男生跑上跑下搬全年级的英语辅导资料，英语老师还为此表扬了他好几次。

他非常意外，甚至有些吃惊。经过一番谈话之后，徐老师拿了一份英语试卷让他补做。他在做题的过程中，表情慢慢恢复了正常，眼睛也渐渐有了光亮。随后，徐老师又找英语老师沟通，获得了英语老师的认同。

这件事之后，小强主动来找徐老师，说他愿意接受任何惩罚，还很主动地向英语老师诚挚地道了歉，并保证以后会努力学习英语。之后的几次考试，也印证了他的承诺。再后来，他非常乐意把心里话告诉徐老师，并成了徐老师的得力助手。现在，他和英语老师也成了

“好哥们儿”。

这件事最终得到了完满解决。事后，班主任徐四英老师进行了反思：

要允许学生犯错

很多教师把“教育无小事”中的“小事”理解为“小错误”，将大部分的精力用在关注“小事”之上，经常“小”事化“大”：值日生某次忘记扫地，就是不负责任；迟到找借口，就是不敢于承担；开口顶撞老师，就是没有教养……于是，教师一遍一遍地对学生讲大道理，有些教师甚至把学生的这些小错误一一记录下来，然后再集中呈现给家长，让家长无话可说，也让学生讨厌至极。

其实学生犯错并不可怕，可怕的是教师用错误的方式对待学生所犯的错误。不当的处理方式，非但不能让学生认识到错误的本质，反而会让学生的身心受到伤害。在德育过程中，教师要学会睿智地处理问题，要学会“大”事化“了”，以取得最佳的教育效果。

信任学生、宽容学生，是教师赢得学生信任、获得学生尊重的前提。作为教师，不必事事扩大，不必事事追根究底。即使有时明知学生在为自己的行为找借口，我们也要宽容以待，我们也要假装相信他们，努力维护他们的尊严、呵护他们的自尊。只有这样，学校教育才能成为真正意义上的教育。

古语有云：“人非圣贤，孰能无过。”成年人尚且如此，更何况成长中的学生。学生的成长原本就是不断“试错”的过程。学生的“错误”也是一种宝贵的教育资源，对学生进行“纠错”式教育，才能让学生有改变的空间，才会使学生获得成长，并经得起挫折。从某种意义上来说，不允许学生犯错，就是不允许学生成长。学生不断在“犯错—纠错”的循环中得到成长的机会。天外的德育导师们允许学生犯错，总是多给学生“尝试—犯错—成长”的机会。

2. 学生自治管理

“蓬生麻中，不扶而直；白沙在涅，与之俱黑。”环境对人的影响很深，处于青春期的孩子经常与同伴在一起，受同伴影响的程度远远大于受教师和家长的影响。德育要获得最好的效果，除了让学生对自己提出高要求之外，还需发挥学生对学生的影响作用。

全员德育，不仅仅是全体教师参与，学生也需要参与到教育中来。在成长过程中，学生往往能够成为自我教育者，同伴的影响力甚至超过教师。一旦充分发挥优秀学生的榜样引领作用，学生群体就能整体进步。

目前，天外依托三大学生自治机构进行管理，一是学生会(学生代表选举的群众性组织)，二是团委会(优秀青年的先锋组织)，三是学生社团联合会(学生自主管理的自治组织)。

(1)学生会的活动

在天外的微信公众号中，我们常能看到学生自治机构开展的各种活动。

2016年3月27日，天外学生会学习部推送了一条《预约顶级学霸，解决心中疑惑》的微信。在这次活动中，学生可以预约天外的学霸来解决学习上遇到的难题。学霸的基本信息、擅长科目，都公布在天外微信平台上。第一期的学霸团队有：马靖成(全科)、欧阳玉昊(数学)、廖子淳(理科)、于惊州(生化数)、崔鹏远(物理)、陈易翔(化学)。学霸的授课方式有两种。第一种是一对一个性辅导模式，上课时间是每周三5：00～5：40，地点在阅览室三楼。第二种是一对多上课模式，上课时间是每周二5：00～5：30，地点在教学楼四楼二外教室。想要预约学霸的学生，可以找高一(2)班的卢碧莹同学进行预约，然后再依据预约“挂号”情况安排上课时间。

让学生来帮助学生，对学霸资源进行优化配置，这真是学霸云集的天外学子才能产生的奇思妙想啊。学生会的成员在帮助其他同学的同时，自身也得到了锻炼，收获了成长。

这学期，我开始做学生会的工作。开始时，工作出现很多纰漏，比如发布消息时，总容易出现信息不完整的情况，不是忘了写时间，就是忘了写地点。次数多了，老师们对我的信任度也就逐渐没有以前那么高了。朱老师发现这一情况之后，对我说，我负责的事关乎整个学生会的声誉问题，让我意识到自己所肩负的责任。所以，在以后的工作中，我更加小心，考虑问题也更加全面了，再也没有出现信息缺失的情况。

学生会的工作使我发现，当责任降临在身的时候，那种使命感就成为做事情的最大驱动力。

——学生　王星月

雷静老师说："重要的不是一路的风景，而是与你同行的人。"这句话让我印象深刻。天外摄影社、和雅文具店、咖啡店、文学社、街舞社……它们中很多创办者就是我身边的同学，他们都经营得有声有色。卖明信片、出社刊、做宣传……从建校开始，这些社团与组织也在陪伴着学校一同成长、一起进步。

这些优秀的人就如同启明星一般，他们的存在，就是方向。高一的时候，我成为阅览室室长，后来又因为子婧的介绍进了校学生会主席团。也许是当初选举时身边同伴拉起我的右手给了我莫名的勇气，也许是因为子婧的侃侃而谈与认真对待学校事务的态度，我也慢慢地成为一个更好的自己。

和太阳在一起，你也会被光芒所照亮；不知不觉，你也渐渐染上了光芒。

——学生　黄宇霏

(2)团委会的活动

2016年5月4日下午，由天河区教育局团委主办的纪念"五四"运动97周年活动暨14岁青春仪式在天外隆重举行。天河区教育局团委书记林菁、天外党委书记马丽娟、副校长霍志刚、天河区各中学团委书记出席了仪式。

伴随着初二学生自制视频《问青春》的播放，在教师、家长的鼓舞中，朝气蓬勃的天外学子跨过了青春门，以此来表示他们从此进入了人生的新阶段。随后，伴随着一阵柔和的音乐，由家长提供素材、团委制作的视频《青春仪式家长寄语》呈现了家长们的期待与祝福，给学生们带来无限的感动。

初二年级的学生代表陈蔚添发表了题为《青春的迷茫与自我救赎》的演讲。她所说的“和内心那个特立独行的自己挥泪告别，恐怕是多数人迈向成熟的必经之路”，引起了现场听众的共鸣。最后，学生们收到了教师和家长精心准备的青春礼物包，其中有深受学生喜爱的、最具天外特色的“青春护照”。

仪式结束后，学生们写下《致三年后的自己》，并将其存入天外“未来银行”箱。初二年级还趁此机会举办读书分享会、未成年人保护法法律知识竞赛。

家长们在参加完这次活动后，深受触动。有些家长表达了对孩子思想深刻的感叹：

•《青春的迷茫与自我救赎》放在以前，这是大学生演讲的题目。“和内心那个特立独行的自己挥泪告别，恐怕是多数人迈向成熟的必经之路”真可谓点睛之笔。

• 一名初二的学生能有这样的深度，真是太令人震惊了。

• 读了多少书，又做了多少思考，才有这么深刻的感悟！

• 写得很真很好！看到这个年龄的孩子有这样的思考和学识，我真为学校、为孩子们感到骄傲！

• 现在孩子们获取信息的渠道众多，获取的信息量巨大，认识的深度和广度自然绝非我们可比。

也有些家长表达了对学校、对教师的感谢之情：

• 感谢天外为孩子们精心策划的这个仪式，在他们人生长河中，溅起了好大一朵浪花，若干年后回首，仍将刻在记忆的深处。

• 很强的仪式感，在现场回忆起我们自己的青春，回忆起和孩子一起成长的点滴，内心澎湃，很感谢老师们所做的一切。很庆幸有机会参与了孩子成长过程中一个重要的仪式。感动！感恩！

·真庆幸孩子能在天外这么优秀的集体中成长！感谢各位老师和今天到场的家长为我们记录了孩子们难忘的人生时刻。《极视天外》做得非常棒，谢谢老师！辛苦了！

·看着孩子们一张张幸福的笑脸和为孩子们精心策划的至青春礼，心里一阵暖流涌动。由衷地说声：天外，家长之幸！孩子们之大幸！

·在现场真的很感动！感动于学校的良苦用心，感动于老师们的认真与敬业、激情与活力，也感动于家长们对孩子们无私的爱、孩子们的乖巧懂事！

天外的课堂，闪耀着“小老师”授课的身影；天外的团校，有大量学生授课，讲授的内容有管理培训，也有人际关系疏导，还有和家长沟通的技巧……一个个天外学子，正在发光发热，影响着周围的世界。

(3)学生社团联合会的活动

2016年3月23日下午，天外高一文科班举办了一场关于“广东省高考改革方案”的模拟听证会。在主持人宣布听证会开始之后，由学生扮演的教育局代表介绍了初步拟订的两套高考改革方案。随后，“教育专家”“家长代表”“学生代表”“校方代表”等站在自己的立场上，对这两套高考改革方案的可行性和存在的问题各抒己见，充分发表了意见，并提出了建议。

各方代表还围绕是否要分文理科、是否可以多次参加、是否调整语数外分值等问题，展开了激烈讨论。旁听的同学也积极参与其中，有的为修改方案建言献策，有的则针对代表们的观点提出了质疑。

不同学段的学生聚在一起，感受气氛庄严的学术研讨与答辩。虽然是模拟，却足以启智，激励人求真务实，服务社会。在这样的模拟听证会中，学生们亲历了民主决策的过程，体验了民主决策的价值和意义，在民主实践中提高了政治参与的责任意识和实际本领。

在不久的将来，现在的学生将参与真正的社会活动。他们只有在学校学习时参与类似的模拟活动，培养自身的民主意识，培养未来主人翁的社会责任意识，才能更好地走向社会、走向世界，并为社会做出自己的贡献。

天外的学生是自由的，因为他们拥有充分自主的参与权。他们可以和校长共进午餐，提出意见，给校园足球场改造提供方案；还可以在一次次大大小小的宿舍管理和膳食委员会会议上，为学校发展献策，提出金点子……天外，在师生共建之下，变得更加美丽。

校长与学生代表共进午餐

天外的学生是自信的，因为每一个人发出的声音都能被听见。2017年3月，因为高一的几名学生想考中科大的少年班，崔海友校长便四处奔走，终于如愿地为天外的学生争取到了第二年参加考试的资格。

(二)雅行舞台个个夸

情感是道德发生的基础，只有当学生体验了微妙的道德情感之后，达到情感共鸣之时，道德概念才会变为道德信念。学校要做的，不是简单的理论灌输，而是要营造丰富的情感环境。

在学校，教师是学生德育的引领者，而校本化的德育哲学，则是教师行动的指针。“和养自主，自正雅行”的德育哲学，启发着天外的德育导师为学生搭建多姿多彩的舞台，开展多种多样别开生面的活动，与家长一起，引导学生在日常学习生活中“雅行”。

1. 国旗下的演讲舞台

在天外的课程体系中，有一项专门的演讲与口才课程；与之相适应，天外每周都会进行国旗下的演讲。在庄严肃穆的舞台上，在飘扬的红旗下，学生诉说着自己的故事，感受着成长的幸福；教师感怀着学生的进步，体验着职业的幸福。

你是我的正能量

任何一个词、一句话、一个人，都有可能成为他人心中坚定的正能量，我坚信事实如此。

还记得初一的时候，我的学习成绩一塌糊涂——尤其是我从小学起就不太擅长的英语。每次几乎都是全班倒数几名，自己也无心钻研，导致恶性循环。

但这时，你出现了。

每个晚自习，你都花大量的时间在我糟糕的英语上，帮我补习。我的每一个问题，你都耐心为我解答，用笔在题目上圈圈点点，逐词逐句地分析。原本浑浑噩噩的我突然看到了奋斗的目标，开始逐渐用心了，努力了。我破天荒地交齐了作业，认真上课，奋斗在题海间。终于，我一举冲进了班级的前列。

感谢你，你是我的正能量，在我沮丧时鼓舞着我，让我不断奋进。

还记得有那么一次，平常语文优良的我，竟然在一次考试中失手，150 分的卷子只得了 90 分出头，那鲜红的分数像闪着寒芒的利剑扎进我的心里。在大家唏嘘不已的时候，语文老师找我谈话，父母也找我谈话。我感觉自己一瞬间彻底陷入了无尽深渊，巨大的落差让我心灰意冷。

但这时，你出现了。

在课余时与我交谈，帮我找出出错的症结点，耐心地替我分析出错的原因。你的目光如清泉一般清澈而真诚，让我从失败的低谷中走出。时至今日，我依旧能忆起你鼓励的话语："加油，小茂，下次你一定可以的！”我仿佛又找回了失去的信念，重振信心，再次投入了紧张的复习中。似乎是上天的眷顾，在后来的一次考试中，我考了132分，全班第一。但我知道，这不仅是我努力的结果，更离不开你的帮助。

感谢你，你是我的正能量，在我失意时激励着我，让我不断进取。

时光流转，韶光易逝，但我依旧记得那些点滴：在我难过时，你给我安慰，替我指明前方的阳光大道；在我高兴时，你分享我的喜悦，与我一同欢笑；在我有困难时，你及时给我帮助，替我排忧解难……不知不觉间，你已成为我心中的正能量，无时无刻不鼓励着我，潜移默化间影响着我，引领我向上，让我开朗、阳光、自信、自强！

我一如既往地坚信着，这是一种伟大的力量，已不仅仅局限于那一言一语、一举一动；这更是一种强大的精神，哪怕只是一点点，也足以改变人的一生。

——初三(6)班　周林茂

我们永远在一起

作为(6)班的班主任，我非常高兴地看到每一个人都对学校、老师和同学怀有感恩之心。虽然，你们都是各个小学的佼佼者，但我仍然信奉那句亘古不变的老话：先成人，后成才。学习好，只代表你们考试能取得好分数，但是老师更希望你们在思想品质上更加优秀。只有好的品行，才能让你们成为国之栋梁，成为让人尊重的人。

记得初一时，(6)班纪律和班风优良而成绩总在年级下游徘徊，但是(6)班的每一位同学都不气馁，不放弃，不言败，在老师们的带领下，初二时开始逐渐走出低谷，进入初三后一直保持在年级前列。(6)班的每位同学都非常维护班级荣誉，无论是考试还是各种评比，每位同学都会尽全力做到最好。

在4月22日送同学们去进行体育考试的时候，我突然想起三年来一千多个日日夜夜与你们朝夕相处，不免有些伤感……想到两个月后将要和大家分别，我感到十分不舍。还记得你们曾经因没有及时交作业而被老师投诉，还记得你们曾经和老师争论你们的歪理邪说，还记得你们刚来校时因不适应而哭红的鼻子……这一千多个日日夜夜记录了你们在天外的点点滴滴。

(6)班，是天外18个班的一个缩影。天外的每一个班都是卓越的，都体现着天外人永不服输、团结向上的天外精神。

在天外这个大家庭中，同学之间相识相知，在合作学习中学会了尊重、倾听；在天外这个大家庭中，你们和老师朝夕相处，不仅学习了知识，更锻炼了能力；在天外这个大家庭中，“和雅”不是空洞的说教，而是同学们身上所展现出来的天外精神。三年的天外生活，你们从不适应到不想离开；三年的天外生活，让你们懂得了感恩，感恩父母，感恩老师，感恩同学，感恩天外这个大家庭。孩子们，无论走到哪里，天外都是你们的家；无论走到哪里，都请以“天外人”为荣。

最后，希望每一位天外人，都能怀揣感恩的心，发挥各自的才智，为天外的美好明天而奋斗拼搏！

——初三(6)班班主任　王官亮

2. 不一样的活动

天外的课外活动丰富多彩，既有艺术节、科技节、体育节等连续性的传统活动，还有泼水节、快乐节、道歉日等特色活动。在异彩纷呈的活动中，学生学以致用，展示特长，收获自信和快乐。

(1)快乐节活动

幽默是一种人生态度，是生活中不可或缺的调味剂。每年的4月1日是众所周知的愚人节，这是一个快乐的节日。天外的快乐节，就从这一天开始。2016年，天外如同往年一样，举办了快乐节。

早上，值周班的学生装扮成各种各样的动物等大家来签到。有学生表示：“看到他们的时候，我以为自己还没睡醒呢。”

快乐节值周班装扮成动物等大家签到

课间广播体操做完，学生们纷纷按跑操班级位置就位。但头顶上的航拍飞行器貌似预示着 something is going to happen(有事情将要发生)。果然，当音乐响起，偌大的操场上就出现了快闪舞表演。表演者出人意料地同时出现，舞步十分一致，跳完之后又迅速闪开，真是来无影去无踪啊！紧接着，值周班高一(3)班的学生还表演了一首神曲。

午餐时间，就在大家安静就餐时，音乐响起，高一年级的学生迅速整齐地站在食堂过道间，围着正在吃饭的老师、同学们开始跳舞。于是，在一片欢乐与惊喜中，大家吃完了午饭和额外的水果。

这一天，大家还会写快乐寄语给同学、老师和家长，互送快乐节贺卡，让快乐传递，感染身边的每一个人。

天外的快乐节让人感受到：生活中不仅要留心观察周围看似微不足道、实则包含无穷快乐的事物，还要将已得的快乐与他人分享，学会传递快乐！

(2)欢乐备考慰问演出

快乐节才过完没几日，天外的校园中又充满了欢声笑语。每年临近中考时分，天外教师就会携家长一起，组织一场专门的慰问演出活动，让学生们在快乐中前行，欢乐备考。

2017 年 4 月 21 日，在天外体育馆，家长们有的苦学手语传颂无言爱，有的演绎重返豆蔻的青春，有的轻歌曼舞弹奏少年曲，有的改编歌剧争艳异国情，还有的童心未泯跃然“小鸡”态……纵然汗流浃背，无不欣然。

家长们的节目是惊艳的，教师们的节目则深映人心：不羁、端庄、诙谐、睿智……一袭黑衣的热舞，一身白裳的国风，尽显“和雅君子，世界公民”的理念；三顾茅庐的典故小品融现代于古典，趣味盎然。舞台中心，他们能收能放，亦动亦静，有尺度有原则。

教师和家长的用心，也成为学生们宝贵的记忆，他们纷纷写下自己的感受：

同心才能走得更远　快乐才能走得更好

——观 2014 级初三慰问演出有感

“学习是自己的事。”这句话我们听了许多年。“路最终都要自己走。”这亦是经典的“孤独说”。我一向相信这些箴言，只是，2017 年 4 月 21 日的慰问演出点燃了我心中小小的火花。

上周晚自习下课后，我惊喜地发现：体育馆二楼竟然还亮着灯，那是家长们在练舞。家长们不顾工作的疲惫，在学校的体育馆挥洒汗水，仿佛演出越完美，中考越顺利。那周写作业的时候，我没有一刻不心怀感激。

历史毕业考结束后，我和同学来到体育馆，家长和老师早早到了，人声鼎沸。坐等开场的时候，恍然间我感觉，我不是一个人，我是天外同学、老师、家长们共同汇聚的大海中的一滴水。

台上的表演者着西游之裳，自然地互动、逗趣、串词，想起平时看到他们扎进办公室讨论、试演的身影，我的脸上便溢出笑意。

习惯了父母在家不拘形象地做家务、忙工作，习惯了老师们在课堂内外的教诲、谈天。何以不为“惊为天人”的演出一叹？何以不识“投其所好”的真挚？

家长们款款而动，眼波流转，似乎眼睛一眨就会对上人海中自己孩子的一弯眼，那非同寻常的灿烂笑颜，抑或鸣而惊人的“盖世”歌舞，引起了我们心中的炽热：原来，那个在家里时常和我斗嘴的人，竟这么美、这么才华横溢。

畅快的笑声，雷动的掌声，我的快乐、惊喜、感动都漫漶到攒攒的人群中。此时，四个字像暗夜中的火花一般明亮：我不孤单。禁不住的尖叫和抚不平的嘴角，足够让苦恼、惆怅和压抑的荒野燎原；以慰问之火的名义，我们破茧，信心和激情熠熠生辉。

我们承载的爱与日俱增。在一次次掌声中，我突然涌起“要好好努力”的念头。在五十几天的日子里，好好珍惜吧。这些日子，仍可以将感激师恩付诸行动；而余生里，我们也仍可以回忆起父母倾力演出的面容，搂住他们，温柔地说一声“谢谢”。

中考很近了，我将奋力一战！

——初三(5)班　赖震丹

不忘初心感恩前行

又忆起4月21日，一场别开生面的初三毕业慰问活动在体育馆举行。每一位同学、老师、家长，都积极参与其中。有小品、歌舞、历史剧等，每一个参与的人都为此排练了很久，付出了很多。

在节目表演的过程中，很多人都举着手机、对着舞台不停地拍照，希望记录下这美好的开心时光，每个人的脸上都洋溢着快乐的笑容。外教迈拉的《时尚秀》，符老和一众老师诗意的《青花瓷》，朱老领衔主演的诙谐幽默的《三顾茅庐》历史小品……让我们记忆犹新；主持人也一改往常的套路，将背景设置为众人皆知的《西游记》。家长们、老师们在百忙之中抽出时间精心准备这次活动，帮助同学们减压、放松。对此，我由衷地感谢每一位用心付出的您。

特别要感谢我的父母，你们在繁忙的工作之余，除了每天要去医院照顾身患重疾的奶奶，还要抽空参加家长的节目排练。你们的身体力行、言传身教，让我懂得了什么是中华民族的传统美德。

今天，父母把我们辛苦养大；明天，我将陪你们慢慢变老。

——初三(6)班　贺新

观2014级初三慰问演出有感

周末，在路上遇到了小学同学，见面没聊几句，她便开始感慨天外学霸云集，顺便抱怨了一两句她们学校全程灌鸡汤的中考动员会。

听着她絮絮叨叨，我的思绪飞回到了周五的下午。

白龙马惟妙惟肖的叫声、“我好难(南)受(寿)”的台词、娇小的观音菩萨、视频《致三班》中出国同学的祝福、伴随着新版《卡门》旋律翻飞的红色裙摆、小品《同桌的你》中惊现的女高音、《疯狂动物城》中弹吉他的家长、穿着红黄两色小鸡服装在舞台上欢脱地蹦跶的爸妈……最令我啧啧称奇的是老师们的小品《三顾茅庐》。在其中，我发现了敢于当众嫌弃朱书记没有头发的丁老师，与“诸葛亮”心有灵犀的黄老师，画技高超、琴技精湛的朱书记等，原来他们是一批被教育事业耽误了的演戏鬼才啊。

我记得老师在班级群中发了家长们每周三晚上在舞蹈室排练的照片，看到每一位家长认真地学着每一个动作。同宿舍一位学舞蹈的同学还说，她妈妈一回到家就跳给她看，说要让她“指点一二”；好几天中午都不在宿舍的小月，在经过多次的练习后终于没有再出现le、ne不分的情况；还记得晚自习时仍不厌其烦地改着台词的“西天取经团队”……

我渐渐明白了，这一次精彩的慰问演出，离不开台下的每一次准备和练习，就像天外一次又一次的好成绩，离不开老师们的努力和家长们的鼓励。每一个成就的出现都是必然的，都是每一次辛勤付出的结果。

——初三(2)班　潘琪瑶

是的，独立才能走得更远，协力才能走得更好。慰问演出是一场仪式，送走浮躁，迎来沉静；送走不安，迎来坚定。陪伴是最长情的告白，天外的教师和家长用这种方式表达着对学生的爱。在爱中成长的孩子是幸福的；有了爱的浇灌，生命之树将愈发茁壮。

就连观看了慰问演出的家长也表示："作为天外初三的家长，很荣幸观看了这次演出，感受到了家长们萌萌的青春少年心，老师们接地气的良苦用心，孩子们快乐的笑声、欢呼声，一切都值了。感谢天外的包容和开放!""和孩子们一起成长是父母的最大快乐!"

欢乐备考慰问演出活动不仅给紧张备考的学生带来轻松和欢笑，更是家校高度融合、良好沟通、携手共进的集中体现。在教师、学生和家长的共同努力下，天外创下一个个新的辉煌。

3. 感恩教育系列活动

"仁者爱人"，只有懂得爱的人，才会懂得珍惜，才会善待自己、善待他人。感恩是一种心态，一种健全的人格和健康的灵魂。天外的感恩教育，就是以感性的形式，让学生切身感受来自他人、社会甚至是大自然的"恩"。

每年五月的第二个星期日，是每一位伟大母亲的节日。2016 年 5 月，是天外感恩教育月，在初二年级组长夏丹老师协同语文备课组的精心策划下，天外初二年级开展了别开生面的母亲节系列活动。

系列活动包括"怀胎十月"体验活动、3～5 月份集体生日会活动、送给妈妈的爱——手制康乃馨活动、送给妈妈的爱——手工贺卡及亲子书信活动、"母亲节，我和妈妈在一起"相片征集活动等。借助班会及课余时间，全年级学生都参与到了系列活动当中。

随着庄严的宣誓声，活动拉开了帷幕。在"怀胎十月"体验活动中，学生们将一只鸡蛋随身携带 24 小时，以体验母亲怀孕的感觉。他们要每时每刻都保证鸡蛋的安全。在一片和乐的气氛中，无论男生还是女生都体验了一次做母亲的感觉，能够"生下孩子"的学生们认真填写了"出生证明"，还将怀孕体验认真地写了出来，并送给了母亲。

在一些班级的集体生日会中，学生们过了一次特别的生日。他们在生日会上给母亲拨通了电话，表达了自己对母亲的爱。

在母亲节当天，学生们将亲手制作的康乃馨和贺卡等礼物送给母亲，表达自己对母亲浓浓的爱意。母亲节过后，学生们还将与母亲拍的照片集合在一起，做成展板，供大家欣赏。

通过这一系列活动，学生们更深刻地体会到：母亲，是我们成长历程中不可替代的角色，她赋予我们生命，时时刻刻关注着我们的成长。“谁言寸草心，报得三春晖。”作为儿女，我们永远都无法偿还母亲的恩情，唯有常怀感恩之心，在平时的生活中做出微小的回报，在重要的节日表达出对母亲的爱。

这样的校本化活动，不仅丰富了天外的校园文化生活，活跃了节日气氛，更培养了学生的和雅品质。

二、洋溢个性的德育活动

(一)社团活动魅年华

苏霍姆林斯基说：“拥有可以自由支配的时间，是个性发展的一个重要条件。孩子的素质和天资只有当他每天都有时间从事自行选择的、喜爱的劳动时，才能得到发挥。”给学生提供时间与平台，就是创造宝贵财富。

学生社团是现代教育中的新型教育模式。这种学生自我教育、自我发展的教育模式，突出了学生的主体地位和作用，大大提高了学生与学生之间的交流，与天外以“和养自主，自正雅行”为德育追求的理念高度契合。

天外的社团活动开展得很有深度，目前正在向着课程化的方向发展。为了促进社团的深入发展，扩大学生的求知领域，天外联系领域内的专业机构对社团活动进行指导，如联合广汽丰田、广州市少年宫开设汽车课程，联系广东省野生动植物保护协会指导学校野生动物保护社的各项活动，与松下公司合作为摄影社开设摄影课程……

一系列课程化的社团活动，为天外学生素质拓展和成长成才提供了开阔的舞台。

1. 和雅学院

为了进一步贯彻“和养自主，自正雅行”的德育理念，构建适合每一名学生个性发展的德育活动体系，天外创立了和雅学院。和雅学院是一个创新型的社团组织，为学生提供更为个性化的成长体验。和雅学院的院长、院士均由学生竞聘担任，由学生负责学院的日常运作，每个学院都配备指导教师。学院的活动主要包括专业选修课、社团活动、专家交流、行业考察等。

为了让学生在中学时期开始思考自己的梦想与职业选择，平衡兴趣与现实之间的关系，和雅学院为学生提供与大学接轨的专业选择、选修课学习、活动时间、行业考察和职业体验。学生拥有选择、放弃、更换与坚持的所有权利，拥有充分的自主选择权、决定权，能够找到真正属于自己的梦想，找到最美好的自己。

目前，和雅学院的子系统包括和雅商学院、和雅人文学院、和雅体育学院、和雅艺术学院、和雅信息传媒学院。

和雅商学院提供两大课程：第一，公司的经营与管理，偏重于和雅文具店的实战操作；第二，企业家性格揭秘，偏重于案例教学法的理论研究。

和雅人文学院提供两大专业：第一，文学，主要面向文学爱好者，开展的活动包括悦读、悦赏、悦言、悦文四类；第二，辩论，学院精选当前发生的校内校外热点问题举办辩论赛。

和雅体育学院以实现“天外每一名学生都有一项自己擅长的运动项目”为目标，以社团的形式，在足球、篮球、羽毛球、乒乓球之外，鼓励学生掌握至少一门自己喜欢的“独门绝技”，如飞盘、台球、高尔夫球等项目。

和雅艺术学院以实现“每一名学生都有一项自己擅长的文艺技能”为目标，成立艺术团，培养学生的艺术细胞，并在校内举办小型表演会。

和雅信息传媒学院提供两大专业：第一，播音主持，实践项目是天外的广播站，每天早上 10 分钟、下午 15 分钟，播放《天外之声》《和雅之声》；第二，影视传媒，实践项目是不定时制作并播放《极视天外》。天外还成立了专门的视频制作团队，以便相互切磋、竞争；学校提供两套设备，以方便学生录播节目。

(1)形式多样的播音主持节目

天外广播站的指导教师为：杨婷婷、贺芦微。广播站的节目多种多样，单周与双周播放的节目有所不同。单周播放的《天外之声》包含以下节目：

•《朝闻天下》：风声雨声读书声，声声入耳；家事国事天下事，事事关心。作为世界公民，就要放眼国际。这档节目的内容包含国际新闻、国内新闻、体育新闻、天外新闻。

•《闪亮登场》：这档节目会介绍一些团队，根据成员姓名，编写一个小故事，让其他同学了解学校里的有趣团队；此外，还会谈一谈学习方面的趣事，或者播放一些中英文歌曲。

•《卷影联盟》：这档节目主要是用英文推荐优秀的书籍或影片，如此一来，既可以锻炼播音员的口语，又可以训练学生们的听力，还可以让大家增长见识，真可谓一举三得。

•《轶事羊皮卷》：和雅君子就在我们的身边，这档节目会讲述一些学生们平时所接触到的人、事、物，用善于发现的眼睛看待周围的世界，并表述自己的观点。

•《走进科学》：这档节目通常会播报一些日常生活中学生能接触到的科学，拓宽大家的知识面。

双周播放的《和雅之声》除《朝闻天下》外，还有以下节目：

•《品有言，叹无言》：这是一档文学节目。“文学之所以美，不仅在有尽之言，而尤在无穷之意。”此节目会带领大家在文字上仔细斟酌，在思想上感悟，遨游文学海洋。内容包含细说散文、凝思诗词、浅谈小说、日常创作、外国文学、点歌等。

•《日漫速递》：应广大听众学习之余的娱乐需要，天外推出这档节目，将打动人心的日本动漫推荐给大家，将这份共同的感动与记忆传得更远。

•《MAD》：这档节目提供最鲜活地道的英语素材，带领大家在异国风情中徜徉，感受文字的美妙。内容包含英语美文、脱口秀、美剧、电影推荐、笑话、特色英语俚语、歌曲点播等。

•《What，what，what!》：世界之大，总有没见过的，总有想不到的。这档节目就是来为大家解答各种各样稀奇古怪的疑问、冷知识的。内容包含稀奇历史、科学道理、稀有生物论、歌曲点播等。

表 4-1　天外广播站节目安排表

栏目及负责人	时间	7:15～7:25 时段节目	18:20～18:35 时段节目	播音员	编辑
《天外之声》（单周）负责人：邓之聿	周一	——	《闪亮登场》	钱璟欣、王诗玥	申思思
	周二	《朝闻天下》	《卷影联盟》(英语)	潘柏乐、赖　涵	张祺唯
	周三	《朝闻天下》	《轶事羊皮卷》	邓之聿、邱梓茵	王晓蓥
	周四	《朝闻天下》	《走进科学》	何予熙、何宇轩	黄卓灵
	周五	《朝闻天下》	——	钱璟欣、王诗玥	申思思
《和雅之声》（双周）负责人：陈亦嘉	周一	——	《品有言，叹无言》	陈亦嘉、刘宜萱	朱秀雨
	周二	《朝闻天下》	《日漫速递》	谢雨阳、岳子晗	吴思齐
	周三	《朝闻天下》	《MAD》	唐佳艺、周楚惟	刘子涵
	周四	《朝闻天下》	《What，what，what!》	容一力、罗　吉	黄　睿
	周五	《朝闻天下》	——	陈亦嘉、刘宜萱	朱秀雨

(2)内容丰富的影视传媒节目

学校是一个什么样的地方？学校应该是世界上最好玩儿的地方，应该是对学生有帮助的地方，应该是一个有意义的地方；学校的品位应该高于学生的品位，应该具有教育价值。用三个词来说，就是好玩儿、有帮助、有意义。而这三点，天外主要是通过社团来体现的。

《极视天外》是天外影视社团制作的一档栏目。内容包罗万象，围绕校园生活而展开；创意五花八门，总是生动而有趣。光听名字就很有吸引力：《舌尖上的天外》《如何学好数学》《你进行微阅读你家人知道吗》《如何克服拖延症》《万万没想到(男子汉版)》，等等。

《极视天外》栏目集中体现了天外办好社团的思路，意在以作品展示为导向，激发学生的创造力、主动性。栏目组还为学生提供帮助和平台，给学生充分的培训和支持，调动一切可以调动的资源，为学生提供学习机会。例如，组织对影视有兴趣的学生到电影厂参观学习，观摩专业制作团队的策划、拍摄、剪辑流程。这些社团活动，不像普通课堂一样，“教”学生学习知识和技能，而是把任务抛给学生，把机会留给学生，让学生自己探索，学会自我导向学习，教师只给予必要的引领。

事实证明，参加《极视天外》的学生，在学业上也取得了长足的进步——更会管理自己的时间了，更有理想和目标了，更有自信了，自学能力也得到了充分的锻炼。

2. 争奇斗艳的社团

天外人很懂得生活，他们积极寻找与自己志趣相投的大朋友、小伙伴，相互寻求精神归宿，或动或静，在娱乐中体验责任与担当，在此感受浓浓的校园人文气息。

学生社团是一种活泼有效的教育形式，作为学生在校生活的重要组成部分，促进着学生综合素质的提升，丰富着校园文化氛围。

天外的社团有很多，每一名学生都能在社团中找到合适的位置，如果没有，你还可以自己开创一个全新的社团。心有多大，路就有多远；心有多宽，空间就有多宽。在这里，只要敢想、敢玩儿，就能实现自己的需求，书写自己的金色年华。

天外的社团到底有多少呢？还是去社团招新大会看一看吧。

(1)社团招新大会

2016 年 10 月 17 日，由天外社团联合会组织的社团招新大会顺利举行。各社团成员使出浑身解数来吸取新鲜血液，操场上热闹非凡，盛况空前，用“百团大战”来形容也不为过。

绕操场徐行一周，各个社团令人目不暇接——宅舞社女生不间断的表演，总是能吸引无数围观者；化学研究社的学生们鼓捣着各式化学器材，色彩斑斓的化学药剂似乎能让人走进魔法世界，令人迫不及待地推开化学的大门；一招一式力道十足、虎虎生威的咏春社，配有酷炫的海报：“武林绝学数咏春，刚柔并济泣鬼神，寸劲突发人难躲，凤眼柳叶夺人魂”；还有不见其人，先闻其声的乐队男生弹着吉他浅浅低唱；此外，还有街舞社、骑行社、电竞社、过山车社、话剧社、金融社、政史社、英美剧社……实在难以一一枚举。社团成员们卖力地宣传，频频出声招徕过往的同学，一个接一个的表演也让围观群众大呼过瘾。学生们徜徉在社团的海洋中，真是不知道该选哪个社团才好。

负责摄影的学生扛着“炮筒”奔走在人群之中，捕捉精彩有趣的瞬间。学生们全身心地沉浸在前所未有的“百团大战”中，从功课中解脱出来，为了寻找自己所擅长、喜爱的领域奔走。放眼望去，操场上每一个人的脸上都洋溢着灿烂的笑容。

(2)摄影社

在社团招新大会上，天外摄影社桌上的报名表堆成了小山，可以说，摄影社 TWPHOTO 是最受学生欢迎和追捧的社团之一。

摄影社分为两个部门：拍摄部和模特部。拍摄部负责学校各大活动的拍摄任务、外拍任务以及其他拍摄活动。大型的拍摄活动有：校运会活动的拍摄、白水寨秋游活动的拍摄、《极视天外》栏目的素材拍摄等。模特部的学生主要负责在镜头前展现自己，需要具备“形神”与镜头感，通过形体、神态这种无声的语言与镜头外的观众进行沟通。

为了提高大家的摄影技术，社内每周都有课程安排。除了常规性的松下摄影课程，还有成员自己讲述的摄影课程，大家可以互相交流先进的摄影技巧，而且，这些课程面向全校师生及校友开放。

自成立以来，摄影社已经成功举办了两次摄影展，受到师生们的广泛好评。他们还经营着名为“天外摄影师”的微信公众号，内容不仅包括天外校运会等纪实摄影，更有来自世界各地的行摄，以及天外摄影社独家的人像摄影作品，可以让大家一饱眼福。公众号从最开始的默默无闻，到现在的备受关注，都离不开成员们一点一滴的经营。

人气社长万如峰在 *Beyond the Sky*(《天之外》)一文中，着重介绍了爬楼摄影师(rooftopper)这一新兴类群：

从大约五六年前开始，爬楼摄影(rooftopping)作为一种新兴极限运动被战斗民族带向世界。自此，在全世界范围内涌现出了无数的爬楼摄影师。这群极限爱好者，不少是摄影爱好者。爬楼摄影，就这样出现了。

爬楼摄影分为极限摄影和城市风光摄影，两类的侧重点不同。前者倾向于展现城市建筑的险要和爬楼者的勇敢与体态美，后者更倾向于表现城市的兴衰与建筑群的宏伟。

当然，不管是哪种爬楼摄影，都要经历三个相同的过程：首先是寻找机位，分为借鉴前人的机位和自行开发机位。其次是准备器材和提前寻找路线。城市风光爬楼最主要和最必要的武器，毫无疑问是一只品质优良的超广角镜头。通常，在鳞次栉比的城市中，普通的标准镜头和广角镜头是容纳不下庞大的建筑群的，除非是特别远的长焦机位。寻找路线则是提前避免因机位被封而上不了楼顶的尴尬。最后就是在众多高楼大厦的电梯、楼梯之间与保安斗智斗勇。不管是躲摄像头还是找楼梯口，都是非常刺激和辛苦的事情。当然，必须做到一点，尽量不影响他人。最重要的是，注意安全。

你看到的将是，不一样的世界。

摄影社镜头下的广州塔与博物馆

2018届高中生万如峰同学，对摄影爱入骨髓，他总是说：“愿我的照片能引领一代人”“愿我的照片是向上的，给人无限启发的，充满动力的”。作为摄影社的领路人，第一批成员立志为天外摄影社做最大的努力，留下天外最美丽的光与影。

摄影社是一个好玩儿还能赚钱的社团。除了在摄影展上销售宝贵的照片之外，成员们还会制作一些精良的明信片。作为摄影社的经典销售商品，明信片因图片质量高、内容丰富、排版简洁大方而广受和雅文具店顾客的喜爱。

(3)女子篮球社

学生社团在学校中发挥着无法比拟的作用。为了扩大社团的积极影响，天外鼓励学生自己创办社团，因此在天外，学生可以依据自己的兴趣爱好来组织社团。初二年级的杨思远同学就组建了两个社团：英语演讲社和篮球社。

一眨眼，我在天外度过了两年时光。学霸云集、刻苦学习的那些事就不说了，印象最深的是老师让我们全面发展，鼓励我们参加社团、组织社团。在天外，你能飞多高，这里就有多大的平台供你施展。我曾组织英语演讲社，许多同学参加比赛，得奖而归，我自己也获得了“21世纪新东方杯”全国中小学英语演讲比赛广东赛区决赛二等奖。

有人说，天外的学生只会读书不会运动。我不服气，于是又组织了篮球社，报名的有十几个小伙伴，多是各班的学霸，我成为第一任女篮队长。我们知道，有些学校以篮球为传统运动，每年有专门的经费投入，有的校队规模大、兵强马壮，甚至还有特招的篮球队员。而天外在各方面都处于劣势，唯有加倍努力，每周刻苦训练。

组建队伍才一年时间，我们小试锋芒便获得了天河区中学生篮球赛初中组第八名。而今，我们更强大了，盼望着下一个赛事，我们的目标是进入三甲。我们坚信：真学霸不仅能读书，更能打篮球，“学霸是打出来的”。

——初二(6)班　杨思远

在密切关注了2017年1月7日举行的广州市天河区中学生篮球女子初中组的比赛之后，杨思远的家长也颇有感触：

现在人们都说，天外的孩子都只是一群会读书的学霸，时间都花在了书本上，别人学习他们学习，别人打球他们还在学习，其实这是对天外的误读。据了解，初中女子篮球队的队员不少是学习成绩十分优秀、热爱体育锻炼、品学兼优的好学生，天外其他球队情况也是如此。

天外的孩子与其他学校的孩子相比，有较强的理解力和专注力，并且能够自律，虚心好学，听从老师的教导，遵循校训且懂礼貌，每次球赛结束无论输赢都主动与对方握手道别。我认为，要培养出一支战斗力强的球队大有希望，球队也可以成为天外的另一张名片。

我们要让天外的孩子都爱体育、爱运动，在运动中感受合作、友谊、荣誉的力量。作为家长，我们应该支持孩子多运动。学习与运动并不矛盾，让孩子增强体魄，锻炼意志，性格开朗阳光，花一点时间是值得的。给学校一点建议，每年的预算应该给体育预留一点空间，给体育老师更多的激励，校园文化建设少不了体育，名校更需注重体育。

让学校、家长、学生一起努力，天外必将名扬内外。

学生社团充实着天外的校园文化氛围，也让每一名学生更有归属感、成就感。组织社团活动，更锻炼了学生的团结协作能力与领导力。天外是广袤的夜空，学生社团就是点缀夜空的璀璨之星。

(二)特色活动现雅行

日行一善，是古人的倡导，是让我们每个人做一些力所能及的事情，帮助更多的人，让社会更加美好和谐。

道德，是一种情感，更是一种力量。在天外学子的心中，道德如柔风细雨一般，轻轻拂过人们的脸庞，给世人带来清凉的慰藉。

小小的天外学子，虽然身处校园之中，但却心系世界。他们用一次次行动，与社会接触；他们用一个个作品，表达着对世界的关注；他们用一份份礼物，信守着自己的承诺。

1. 关怀世界的小举措

公益活动是公民参与精神的象征，也是一门实践的学问。它体现了学生接触社会、参与社会、改善社会的良好愿望。

(1)冰桶挑战的公益尝试

2014年夏天，天气依旧炎热无比，但是这个夏天却与以往不同，一股来自美国的冰桶挑战之风袭向了天外。

“渐冻人症”冰桶挑战赛（ALS Ice Bucket Challenge），简称冰桶挑战赛或冰桶挑战，要求参与者在网络上发布自己被冰水浇遍全身的视频内容，然后该参与者便可以要求其他人来参与这一活动。活动规定，被邀请者要么在24小时内接受挑战，要么选择为对抗“渐冻人症”捐出100美元。

在教师节之际，天外学子不但为老师送上了真挚的祝福，还自发地组织了冰桶挑战慈善募捐活动，为“渐冻人症”患者献出自己的一份爱心。

9月11日下午，下课铃一响，学生们就聚集在指定的活动地点，等待天外志愿者服务队的工作人员来组织活动。在活动过程中，学生们积极参与，争先恐后地想接受挑战，希望尽自己的微薄之力来帮助患者。一桶桶的冰水，伴随着学生点名接力“冰桶”的声音，传遍全校，在学校范围内掀起了一阵狂潮。活动期间，学生们全程摄像，在做公益的同时，也记录下许多精彩的瞬间。

在短短两天的时间里，一张张面额不同的纸钞聚集在一起，来自学生们的爱心积少成多，渐渐地汇集成河，传递着公益的温度，温暖“渐冻人症”患者充满绝望的内心。

在这次活动中，天外学生一共为“渐冻人症”患者募集到3000余元善款，捐款人数100余人。他们将活动募集到的所有善款全部捐献给“渐冻人症”罕见病关爱中心，以帮助患者，并且全程进行了透明化处理。

这是一次完全由学生自主策划的活动。为了让更多人知晓并参与活动，天外学子王星月等人录制了一段关于这次活动策划的介绍视频，并将其上传至网络。

对于学生而言，比募集善款更有意义的是，他们在策划这次活动中所获得的锻炼。看着这些来之不易的善款，学生们备感欣慰与骄傲。尽管学生们的力量很微薄，尽管能够给予的帮助很微小，但是天外学子在活动中尽了最大的努力，进行了一次有意义、有温度的公益尝试。

(2)环境地图的积极参与

“环境地图”来自英文 Green-Map，是象征环境的 Green(绿色)和 Map(地图)的合成词。其特征是把那些对环境有益的场所，以及希望尽快消除的对环境有害的场所，用世界公认的图形和文字作标记制成一份地图。

2016 年，19 名天外学子参加了“广州市中小学环境地图竞赛”。此次竞赛的主题有广州市环境垃圾分类(垃圾处理、垃圾焚烧、餐厨垃圾利用)，城市景观，燃气安全，珠江流域水环境，城管执法等。

参赛者需要对自己身边的环境进行调查，并依据本人的亲身观察、思考和总结归纳绘制地图。在此次竞赛中，天外学生认真准备，精心制作；在教师的悉心指导之下，获得了喜人的佳绩。

陈栩盈的作品《我身边的街区变化——石牌东片区卫生交通调查》，陈钰、汪渝轩、李湘婉的作品《广州塔周围客流卫生情况》，荣获“2016 年广州市中小学环境地图竞赛”初中组一等奖。郭蕊、刘美萱的作品《中山大道的车流量和空气质量》，朱文菁、苏晓琳、王嘉雨的作品《绿野园踪》，黄楚菡、徐则至、许宇杨、陈芃昕的作品《净耳静心——校园周围噪音》，荣获初中组二等奖。王诗茵、邝绮、霍子荻的作品《天外肺中肺》，梁倩瑜、陈子烨、陈韵、薛泽杨的作品《奇葩林说——珠江公园植物分布》，荣获初中组三等奖。

此外，天外学子李奚琰的作品荣获“2013 年低碳校园之低碳小报”一等奖，莫雨彤的作品荣获“2013 年广州市低碳校园之低碳小报”二等奖。

人与环境的关系，是古今中外人们不断探究的问题之一，人类对环境的影响也受到越来越多的关注。天外学子用自己的方式，表达着对人类生存环境的态度。这种超越性的关怀，正是未来世界公民的必备素养之一。

2. 见证诚信的小社团

从古至今，诚信都是一种可贵的品质。中国古代教育家孔子曾言："君子义以为质，礼以行之，孙以出之，信以成之。君子哉!"在孔子看来，君子以义为根本，用礼加以推行，用谦逊的语言来表达，用诚信的态度来完成。这样，才称得上是君子。在现代，教育家陶行知也倡导"千教万教教人求真，千学万学学做真人"。诚信是立身之本，也是衡量一个社会文明和谐的尺度。

天外的教育是诚信的教育。"以我之心育诚信。我们可以不伟大，但必须诚实守信；我们可以不美丽，但必须有一颗诚实之心。诚信是一把尺，它虽不能决定我们生命的长度，却能标示我们生命的厚度。"这是张贴在天外校门口告示栏中的语句。

在天外的文化品牌中，诚信是亮点之一。为了发扬中华民族的诚信精神，天外实施诚信养成教育。2012 年，崔海友校长在第一次家长会上便提出"感谢信任，兑现承诺"的口号。其后，天外一直以办"高品质、讲诚信"的学校回报家长对学校的信任。现在，诚信已经成为一种校园文化，深入天外的每一个角落。

天外的考试从来都是"诚信考试"，采用无人监考制度，没有监考教师全程盯在教室，充分信任考生。每个班级都争先恐后地成为诚信班级，作弊率几乎为零。在这一过程中，学生体验并懂得了信任、尊重、自律与诚信，也获得了信任、尊重、自律与诚信。

在天外校园的角角落落里，到处张贴着花花绿绿的海报。这些海报中的相当一部分内容，都是出自这样一个学生社团——和雅文具店，又称 Igift 文具店。

由学生社团部管理的"企业家社团"一共注册备案了近十个文具店，

它们分布在走廊转角处或教室外。

(1)见证成长的和雅文具店

和雅文具店采取模拟公司化运作模式。文具店的“经理”这样说：“和雅文具店拥有完整的公司结构，从董事会到安保人员，层层分配，具有严格的股份分配制度，投资及分红严格按照股份分配，成员各司其职，各得其所。股份可以转让、售卖，与正规的公司基本上是同一模式。在经营的过程中，同学们学会了选择，感受到了责任，变得更加主动了。”

学生们开设文具店，不仅思考如何盈利，而且还想着如何回馈社会。运行较为成功的文具店“企业家”们主动拿出一部分利润，成立奖学金基金会。此外，在每学期期末，文具店也都会拿出一部分商品，作为礼物赠送给老师和同学们。

王星月同学是和雅文具店的董事会成员之一，她从小就对卖东西很感兴趣，在天外，她实现了自己的企业梦。在2015年的散学典礼上，王星月和大家分享了她与和雅文具店的故事：

我从小就对卖东西很执着。小学二年级的时候，我就一个人拖着一麻袋旧货，写好标签，在菜市场门口摆摊贩卖。那时，卖东西的想法就在心里扎了根。

五年级的时候，我开了一家淘宝店，卖一些游戏的道具。我人生的第一笔生意，等了两个月才等来，而且只赚了一毛钱。在开淘宝店的过程中，虽然我也被欺骗、被刁难、被差评师攻击过……但我还是坚持了四年。随着赚的钱越来越多，我开始尝试在淘宝以外的地方采购，那些地方骗子层出不穷，被骗一两百元是家常便饭。后来，我学会了建立人际圈，找到了几个靠谱的资源渠道，而且还学会了开帖把骗子的名单挂在网上。慢慢地，我可以非常熟练地讲价、验货了。就这样，我的生意越做越好，赚的钱也越来越多了。而且，我还能够迅速辨别出哪些是受欢迎的产品并迅速垄断，再老练地将产品推销给顾客。

一个人不是只有在学校里才能长大，恰恰相反，在与外界打交道的过程中，我获得了许多在学校无法获得的知识和技能。我的月营业额从开始的几百元涨到了几千元，在我“金盆洗手”之前，一个月的净利润已经稳居两千元之上。

不冒险才是真正的冒险，不尝试才是真正的失败。我继续向前进发，就在这时，一个梦想诞生了：我要做一个企业！所以，当学校开文具店的通知发下来的时候，我感觉自己像是做了一个梦，如此难得的机遇，简直让我欣喜若狂！

和雅文具店生的那一刻，它从头到脚都是我梦想中的样子。虽然它在同学们眼中，可能只是不起眼的几张桌子；但实际上，和雅文具店是一个小型的股份制公司，是一个企业，是一个符合天外校规的合法企业。和雅文具店拥有完整的公司结构、从上至下的人员安排。它还有严格的股份分配制度，从投资到分红，样样齐全，与正规的公司并无差别。

和雅文具店是一个慢慢走向成熟的企业。刚开始，思路狭隘的我们只卖一些笔和尺；后来我们在意见箱中收到了几条宝贵的意见，于是便开始卖本子；再后来，我们售卖学习资料，这也成了和雅文具店的特色与亮点。正如大家看到的，我们已经开始出售手工香皂这类生活用品了。思维不再局限于“文具店”三个字，而是走向了大家的生活，走向了创造和设计。我们还逐渐意识到时节性产品的重要性，抓住某个时间段的特殊需求，提升我们的销售能力和营业额。入冬之后，我们便准备了各式各样的暖手瓶袋和暖宝宝贴。和雅文具店从此真正拥有了活力。

和雅文具店像一个快速成长的宝宝，每一个阶段都有不同的模样，我们呵护它，它就回馈给我们一些新的知识和技能，我们和它一起成长。五个月过去了，老师们、同学们都在不断地支持着和雅文具店，这是我们所感动的。为了回馈大家的支持，我宣布，和雅文具店正式设立奖学金。今后，这笔奖学金会奖励勤奋学习的同学，使校园充满温暖与活力。本次散学典礼，和雅文具店将会承担抽奖环节的所有奖品及费用。

为了感谢全校的老师们，和雅文具店给每位老师送上一支口碑极好的红笔。老师们在改作业的时候，看着和雅文具店的这份小礼物，心中十分温暖，仿佛所有的艰辛，因为学生们的懂事变得微不足道了。看着学生们从入校时的稚嫩到慢慢成熟，从一开始的任性到如今的学会担当，老师们便觉得幸福无比。

是啊，还有什么比看着自己的学生在一天天进步、一天天长大更有意义、更幸福呢。

(2)见证诚信的和雅文具店

和雅文具店有其独特的运营模式——所有的店均“无人值守”。师生顾客看中商品后，把钱放进收银箱并自己找零，然后自觉地在销售薄上进行登记。这样的运营模式，对运营者而言，不需要专门安排人员在文具店值班，节省了大量的时间与人力资源；对顾客而言，也缩短了等待的时间，十分便利。随着时间的流逝，和雅、诚信的品质在学生们的心中扎根、发芽、生长起来。

清代小说家李汝珍所写的魔幻小说《镜花缘》中，描绘了一个名为“君子国”的国度，那里的人们举止言谈十分有礼，买东西时，人人都以让自己吃亏、让他人得利为乐事。在天外，也有一位来自这样的君子国的学生。这位学生在无人值守的和雅文具店购物时，因盒内零钱不够，便直接不要零钱。学生的这一举动让不经意间看到这一幕的老师深受感动。原来，在天外的校园中，君子就栖身于学生之中；原来，一直提倡的“和雅君子”的办学理念，早已经悄无声息地在天外学子的内心深处生发，深入学生的一言一行之中。天外的校园，因为一个个追求诚信、追求真善美的和雅君子，而成为一个真正的君子之国。

在 2017 年中考来临之际，来自天外高二年级的董子婧同学也想起了自己与和雅文具店的故事：

犹记得加入天外和雅文具店的第一学期，因为大家是第一次经营店铺，缺乏经验，不仅没有赚到钱，而且融资的钱也全都赔了。那时恰逢2016 届初三学弟学妹们参加中考，按照前一年的惯例，文具店应该为初三年级的同学准备“爱心礼包”，礼包里包括大大小小的文件袋、来自学长学姐的祝福信、摄有天外照片的明信片，等等。东西虽不贵重，但毕竟全年级人手一份，合起来也是个不小的数目。最为重要的是，这是每一位学长学姐的一份心意。当店长和我们谈论这件事的时候，我们所有人一致认为，即便亏得血本无归，也要担当起这份责任，延续天外的传统。

一想到能给辛苦备考的学弟学妹们鼓劲加油，我们就有使不完的劲儿。我们分工合作，收集信函，分装派发……最后，看到手拿“爱心礼包”的同学们绽放着惊喜的笑脸时，我们都感到无比满足。如今，2017届的同学们中考在即，2016届文具店的同学也在如火如荼地筹备这件事情。我想，这一定会成为天外的一个传统，一届一届地延续下去，并成为所有天外人难以忘怀的独特记忆。

和雅文具店的创立与运作，见证的是学生们的诚信，是他们的责任意识，是他们的奉献精神。苏霍姆林斯基曾说：“爱，首先意味着奉献，意味着把自己心灵的力量献给所爱的人，为所爱的人创造幸福。”伴随和雅文具店成长的是校园里一个个感人的故事，见证和雅文具店壮大的是天外无声的诚信教育。和雅文具店，就是信任的力量源泉，就是和雅的心灵美的磁场！

一切的现在都孕育着未来，未来的一切都生长于它的昨天。在此人格独立，才能从此走向世界。天外学生的人格，在一次次活动中，彰显着道德的力量。

第五章

教师：和之情怀，雅而进取

“因材施教，有教无类”，是中国千百年前教育家孔子的教育情怀。

“师者，所以传道受业解惑也”，是唐代韩愈的教育情怀。

“爱满天下”，是现代教育家陶行知的教育情怀。

每位为后人称颂的教育家，都有着和而不同的教育情怀。在天外这所新创办的学校，有着许多怀揣教育理想，以“和”为教育情怀的教师。他们积极进取，开拓创新，不断超越。随着不断的发展，天外凝结了“和之情怀，雅而进取”的教师文化。

一、磨砺专业的教师文化

(一)为了创业的团队

每一个伟大的组织、每一个社团、每一个公司、每一所学校，都开始于一个愿景。创业维艰，创业逐梦。一旦开始创业，就意味着要让愿景变成现实。

人生中有许许多多的第一次，随着年龄的增长，我们体验第一次的机会逐渐减少。第一次尝试，越发需要勇气，相应地，第一次往往也会带给我们意想不到的收获。一个人的人生，能够拥有越多的第一次，就意味着我们的人生越丰富、越多彩。

对于天外人而言，加入天外，创办天外，是人生中宝贵的第一次，也是永生难忘的一次经历。因为它是探索，是挑战，是机遇。

陶行知先生曾经说过："校长是一个学校的灵魂，学校的好坏和校长最有关系，一个好校长就是一所好学校。"对于学校而言，一位好的校长正如一位稳健的舵手，引领着学校不断驶向美好的彼岸。

对于一所新创办的学校，一支能创业的教师团队必不可少。此时，作为团队的引领者——校长，其创业意识、开拓精神尤为重要。来到天外的崔海友校长，虽然年过半百，却依然保持着对教育的热情与追求，带领团队开辟新的人生征途。

1. 走访著名外国语学校

人们都说创业维艰，创办一所新学校究竟有多难，只有亲历其中，才能深刻体会。作为天外的创办者，崔校长及其带领的5人筹备组团队，为了使学校获得高标准、高起点、高质量的发展，踏上了向省内外著名外国语学校的取经之路。

5人筹备组团队的足迹，走过了广东省内的外国语学校——广州外国语学校、越秀外国语学校、西关外国语学校、深圳外国语学校，也走过了省外著名的外国语学校——南京外国语学校、武汉外国语学校、苏州外国语学校、上海外国语学校、杭州外国语学校、重庆外国语学校、成都外国语学校、郑州外国语学校……

2012 年 4 月 13 日上午，天外筹备组成员正准备出发前往深圳外国语学校考察。而这时，崔校长意外地出现在大家的视线中。之所以意外，是因为崔校长前一天还在医院接受治疗，大家都以为他会在家休息。然而，生着病的崔校长坚持与大家一同前往考察。在两小时的车程中，他认真地对筹备组成员提出了考察学习的任务与思考的问题，并分配好当天的学习任务。

养病休息，对创业者而言，大概是一件太过奢侈的事。

在考察学习著名的外国语学校之时，天外筹备组成员总在思考，如何用 5～10 年的时间，走过其他先进外国语学校 50 多年的路？如何最大程度地吸取全国优秀外国语学校的办学经验？……白天，大家在各学校跟岗学习；晚上，大家一起讨论天外的筹建。

功夫不负有心人。在紧张的考察学习过程中，2012 年 4 月，依照现代管理的观念，筹备组团队制定出学校的整体发展规划，涵盖课程、课堂、教师、德育等学校发展全方位的内容。

2013 年 1 月 5 日，杭州迎来当年的第一场大雪，白雪皑皑下的杭州外国语学校显得分外美丽。由崔海友校长和霍志刚副校长带队，我们一行四人赴杭州外国语学校考察学习。当日，杭州外国语学校方健文校长和吴锋刃副校长从不同的角度为我们介绍了杭州外国语学校的办学情况。这所外国语学校的国际化程度和在国内外的辐射程度，不逊于大学，给我们留下了深刻的印象。

——《杭州外国语学校考察报告》

2. 风雨中的砥柱

天外的创办过程，是一个“无中生有”的过程，是一个充满挑战与超越的过程。在创办之初，学校发生过许多独特的故事。这些故事，在发生之时，可能让人错愕；而在解决之后，却让人回味无穷。

学校创办之初几经搬迁，2014 年搬到了距离城区较远的渔沙坦校区。2014 年 9 月 5 日，天外租用的 10 辆校车第一次运营。虽然做足了准备，不料，意外之事还是发生了：当 4 号线到达天府路时，被一辆公交车从侧面撞上，右侧 3 块玻璃瞬时爆炸开来，所幸只有一名学生受了一点轻伤。跟车教师马上安抚惊魂未定的学生，并立即电告崔校长。崔校长几分钟后就赶到现场，临危不乱，预判情况后，有序地组织学生步行，经安全区域回家。随后，老师们一一电话联系家长，确认孩子是否安全到家。这件事情发生后，一位家长这样写道：

看着老校长带着一帮孩子，排着长队从区政府一路走向暨南大学时，我想起童年时的我们，不禁眼角发湿。多么无私伟大的校长！那一刻，我对天外真的是充满了感激，无原则地支持！我们家长的心情经历了从紧张到放松，再到心酸与感动。华景路口有 5 辆校车经停，有近百名学生在这里乘车。每逢周一上午送孩子上学，我们都能看到崔海友校长、马丽娟书记、霍志刚副校长亲临华景路口，密切关注孩子们的上车状况。一学期过去了，天外的 10 辆校车运营得越来越顺利。在广州交通的高峰时段，本来常常充满焦躁和劳累的放学之旅，成了孩子们温暖的家。学校的责任心和管理能力让我们对学校充满了信赖和感激。

新事物的产生从来不是一件轻而易举的事情，也从来不会一劳永逸。对于一个心中有大爱的校长来说，对于一个充满教育热情的团队而言，知难而进是唯一的选择，迎难而上是永远的方向。天外虽是新校，却带给我们太多的感动与回忆。

3. 新年的祝福

2013 年 2 月 10 日是大年初一，在新年钟声敲响之际，天外的第一届学子收到了一份特殊的新年礼物：一份来自崔校长的新年祝福。崔校长对学生、对教育的爱，以及学校创办半年的感悟，都融入这封信中。以下是信的内容节选：

半年来，和同学们一起生活，一起思考，一起成长，真的特别快乐与幸福。同学们心灵纯真，活泼可爱，让我觉得自己越来越年轻，激发了我生命的热情与活力；和同学们生活在一起，是我一生的荣幸与自豪——我为同学们今天的成长发展而荣幸，为同学们未来成为具有中国情怀、国际视野的和雅君子、世界公民而自豪！

“坚守教育理想，践行理想教育”，是我从教32年来的追求；你们全面发展、综合素质高，是践行理想教育的理想学生。

你们是自信的人。自信给人以力量，给人以快乐。正是有了自信，人们才充满睿智，心中才升腾起无尽的希望。同学们是自信的，短短一学期，获得了DI创新思维大赛广东省一等奖、全国一等奖，取得了进军世界比赛的入场券；获得了“21世纪杯”全国中小学生英语演讲比赛广东省决赛初中组特等奖的冠军和季军，成为唯一代表广东初中学生赴京参加全国总决赛的选手；期末统考你们以总评超第二名114.9分的成绩领跑天河。自信之光，会照亮你们的智慧，激发你们生命的力量，让你们更乐观、豁达，生活得更美好。

你们是懂得感恩的人。感恩并不是简单的报恩，是一种责任、自立、自尊和追求一种阳光人生的精神境界；是一种生活智慧，是学会做人，成就阳光人生的支点。

怀有感恩之心的人，就会少一分对他人和社会的挑剔，就能持有积极、健康、阳光的心态，多一分欣赏与感激，多一分宽容与回报，就会有爱心而不冷酷，就会懂得尊重而少些抱怨。

你们是会学习的人。同学们课前的独学与互学，课上的交流与合作、探究与展示、质疑与拓展，成就了“聆听无声，讨论小声，回答大声，质疑有声”的精彩课堂；课后的总结、反思、巩固、延伸是自我评价与调节，实现了知识和技能的提炼。

你们是追求卓越的人。卓越不是一种标准，而是一种精神，更是一种境界。它不是优秀，而是优秀中的最优；是将自身的优势、能力以及所使用的资源，发挥到极致的一种状态。同学们是追求卓越的，从考试成绩领跑天河，到英语演讲代表广东，再到DI创新进军世界，你们追求智慧之博大，精神之富有，品德之高尚，尽展生命之雄风。

你们是具有国际视野的学生。国际视野是指学生应该有着对不同文化的理解，对社会科学和人类文明理念的认同，同时还要具有全球化的眼光和胸怀；具体来说，就是“通晓国际基本规则，掌握世界文明成果，了解世界发展趋势，具备国际交流技能”。

同学们充分利用每晚半小时的英语听力和正音以及世界文化介绍的时间，充分抓住英语小小班学习的机会，积极进行听说读写练习；充分利用英语角、英语社团、英语文化活动等进行语言交流和世界文化了解，提高英语表达与沟通能力。在国际理解教育和跨文化的国际交流中，理解不同国家和民族的文化，吸纳国际优秀文化的同时，你们也把中国的优秀文化输送给其他国家的学生，让更多的人了解中国。

你们在国际交流中，逐步具有批判精神、创新能力、团队合作以及口语沟通交流能力；在国际交流和对不同文化的理解认同中，养成可持续行为方式和生活方式，形成世界公民意识。无论在世界的哪个角落，你们都能参与竞争，勇敢面对机遇和挑战，具有全面、长久与强劲的发展能力。

用真切的文字，带领学生们回顾一学期的点滴，带领学生们践行“和雅君子，世界公民”的办学理念，带领学生们共同期待一个更美好的未来，这是崔校长对学生们最衷心的赞许，也是对学生们最殷切的期盼。

对待学生如此，对待教师亦是如此。崔校长将“雅人之雅，各雅其雅”作为教师管理的信念，发现、激发每位来到天外任教教师的闪光点。就这样，从教师到科组再到部门，从无到有，带出了一支锐意进取、积极向上的队伍。天外的师资队伍在崔校长的带领下，在基础课程、特色课程、德育管理制度、小班化教学等方面不断钻研，以适应新学校发展的需求。

4. 创办团队的协力奋进

2012年的3月，天外组建了5人创办团队——崔海友、霍志刚、陈迪、刘娟、罗敏娇，后来又加入了马丽娟、王敬璐。在崔海友校长的带领下，天外的筹备工作虽千头万绪却有条不紊地进行着。创办团队怀揣着对教育理想的守望，积极努力地筹办着学校，奔走于国内有名的外国语学校取经，并厘定了“和雅君子，世界公民”的办学理念，以及办学的整体思路；又穿梭于区内各中小学宣传天外，成功地完成了第一届天外学子的招生工作，奏唱出一曲协力奋进的创业之歌。

马丽娟书记，作为学校第一届校级行政领导班子的三位成员之一，根据学校每一年都有新人进入的具体情况，以党建带动教师队伍建设，利用“三会一课”竖起党员先进的标杆，通过培训和党员在教育教学中的引领作用，建立起一支专业过硬、视野开阔、敬业奉献、勇于创新的有天外特色的师资队伍，这支队伍在天外品牌建设中起着重要的作用。她利用自己丰富的教学管理经验，在学校创办过程中，参与学校管理和学校课程建设的顶层设计，在学校办学顶层设计、特色课程创建设计、创新思维课程开设、小组合作课堂教学模式落实、推行德育导师制、高中特色课程建设等方面提出设计意见，并亲力亲为示范，提供有效的指导，推进和提高天外的特色教育品牌建设。在主导高中特色课程重点立项的复评工作并顺利通过的同时，她作为学校第一届初三下级行政，指导初三毕业班的备考、教育教学工作。每天清晨，她站在楼梯口检查学生出勤、仪容仪表，查看作业收集和早读，确保每一名学生以良好的状态开始一天的学习；及时策划好每个阶段的工作重心和细节，调控备考复习节奏，监控各阶段备考难度和教学标高，指导教师科学备考，使第一届初三中考开门红，勇夺广州市中考桂冠，近70%的优秀毕业生留在学校的高中部，为毕业班教育教学、中考备考及留生源工作积累了宝贵经验，并以此经验指导学校三届初三毕业班工作，连续三年获得广州市中考第一名。作为第一届高中下级行政，她在学校没有高中办学经验的情况下，开创性地规划年级发展方向，整体设置课程并开设实施，对教师提出目标、进行培训，与每个教研组谈话，确定目标、教育策略、实施途径，逐步形成战斗力极强的教师团队。

霍志刚副校长被抽调参与天外筹建组工作，担任副组长，参与创建工作，包括办学理念的形成、课程设置的规划、内部管理架构及规章制度的编制、招生招聘、办学地点的选定布置、设施设备方案制订及实施等，有利地推进了天外的创办。2012 年 8 月，霍志刚担任副校长，主管初中工作和全校德育、总务工作及安全工作，既注重顶层设计，又重视落地实施，使各项工作有条不紊地进行。他大力推行课程改革，实施小组合作学习协同教学模式；在德育工作中推行班级导师制，形成全员育人氛围，精心组织并指挥天外三次校园搬迁工作，并保证新校区按时启用，群策群力，使天外赢得"广州市安全文明校园"的称号。天外中考成绩在广州市连续三年夺冠，作为主管初三毕业班工作的校级领导，精心策划，精细管理，精准指导，精诚团结，霍志刚副校长做出了贡献。

在特色创建、课程开设、课堂建模、高效课堂、科技创新、教师专业发展等方面，陈迪副校长提出了一系列设想和建议，并努力践行和落实于实践。她以课堂教学改革为抓手，制订方案，循序推进，全面提升教育教学质量，科学设置导学案，培养小组合作学习的意识与方法，积极试验，形成具有天外特色的"诊断式教学模式"，并两度受邀在天河区课堂建模研讨会上发言和交流。每学期，学校开展至少两次的课堂建模听评课研讨活动，参与面广、人数多，尤其是数学、英语、地理等学科的课堂建模活动成效显著。她不仅对和雅课程、和雅课堂有深入的思考，还身体力行地引领天外教师在实践中落实，自己也讲授国家、省、市、区各级的建模公开课近 20 节。作为联系英语学科的行政领导，她引领英语学科构建专业化、多元化的课程。为多层次激发学生的学习兴趣和语言潜能，学校营造中西文化交融的氛围，利用综合实践活动课（语言特色类）、外教英语情景教学、英语课本剧、英语配音、英语视听说、英语竞赛、英语节、英语角等活动，充分创设"浸入式"的英语学习情境，为学生学习英语和第二语言提供了广阔而丰富的语言环境，促进了学生综合素养的形成。

刘娟加入天外筹备团队时28岁，却承担着学校党政办公室的工作，并负责学校的国际交流、外事和特色建设等工作。她曾这样写道："我们筹备组的5位成员从2012年3月31日初次见面，到在南国学校第一个办公地点办公，再到第四十七中学五山校区初中部借址办学，一路走来，非常不容易……办学6年来，公开招聘几十次，最频繁的一个学期多达5次，但是每次都做到了严谨有序、公开透明。"天外的发展走上了快车道，而教师们也得快步跑才能追得上。刘娟曾经处理人事方面，如各类请示、报告、公函、通知、人事数据整理等文件就达3000个，光撰写各类评估材料、考察报告、汇报材料的字数达8万字，使得天外顺利地通过了各类评估，如迎接义务教育阶段评估、区特色学校评估、广州市公办外国语学校认定、广州市普通高中特色课程评估、北京大学AC大学先修课程实验校认定和中国教育学会CAP大学先修课程实验校认定等。作为一名英语教师，曾被派往英国参加ICELT剑桥大学在职教师培训的她，是这样看待天外课堂的："我所工作的天外因为实行小班化教学，为我实施从英国所学的教学理念提供了可能。英语课上15人的小班基本和我们在英国观摩的课堂一致，师生之间多了交流与互动，小组合作学习也成了我课堂中最主要的学习方式。因为人少，我的课堂会根据学生情况、学习内容或学习任务调整学生的座位与互动方式。"

在天外筹备过程中，罗敏娇老师不仅凭借美术专业功底，运用熟练的电脑技术和美术设计，建设了天外的招生平台，为应对几千名考生报考、考场安排、考试成绩公布提供了良好保障；还通过数据分析，掌握考生来源、成绩，为招生工作提供了准确的参考。罗老师又凭借多年的德育工作经验开展德育工作，致力于建设学习型学校，营造自主、开放、包容的校园文化，建设各种社团，培养了学生的创新精神和实践能力。同时，她还通过全寄宿管理，融生活与学习为一体，让学生从生活自理开始，锻炼自理能力、自主意识和自强精神，把学生导入自主发展的道路。

陪伴，是最长情的告白！这句质朴又充满温情的话语，诠释了王敬璐老师对天外、对学生深沉的爱。作为天外的“开荒牛”之一，王敬璐老师和其他同事一样，见证了天外从无到有，在发展中迈出的坚实有力的每一步……在筹备过程中，作为筹备组的一员，王敬璐老师主要负责学校的宣传，协助做好师资队伍的组建（主要负责选调和招聘考试的组织）、教师岗前的培训组织，安排好招生过程中的对外接待……在开学后的日常工作中，作为工会主席，除了任教一个班的语文课外，王老师把行政工作的重点放在了学校的宣传、团队的打造和师德师风的建设上，为和谐的天外团队建设开创了较好的局面。对待学生，王敬璐老师关注学生的可持续发展，注重与学生一对一的真诚交流，努力实现学生关注度达到 100%。除了日常各种形式的沟通，她更是充分利用假期、节日，通过书信、电话等形式，关注学生点滴，陪伴学生成长。天外的发展，也成就了王老师专业的进步与提升。多年来，小组合作教学模式的探索，促进着王老师不断总结与反思，也促进了她在科研方面的长足进步。在与天外共同进步的同时，学校的发展也为王老师带来了“天河区优秀教师”“广州市学科优秀指导教师”等殊荣。

天外不断地超越与发展，是天外人不懈的追求，更是天外人无穷的动力！在天外的校园中，如同创业团队一样有能力、有文化、有担当的教育工作者比比皆是。天外人怀着对教育的热忱与不懈追求，激扬着协力奋进的精神，将天外这个教育圣地装点得缤纷而美丽、典雅而有内涵。

（二）为了卓越的培训

山不在高，有仙则名；水不在深，有龙则灵。天外，是一处“修仙”之所。教师们在这里，经过由内而外的反思与教学实践，经过领导与同事的指导帮助，一步步修炼成“仙”、成“龙”，成为促进天外不断向前发展的力量源泉。

天外现有专任教师150余人，英语教师英语水平均达专业八级，非英语教师英语水平达大学英语六级，获得硕士及以上学位的教师人数高达50%，呈现了教师队伍在资历、年龄和学历结构的黄金比例。学校发挥政策优势，海纳英才，分批面向全国引进骨干教师、学科带头人，在天河区内选调优秀把关教师达115人，如崔海友、马丽娟、霍志刚、陈迪、徐四英、蔡莉玲、邓伏黄、罗艳秀、万敏玲、李芸、陈功、田鹰、许泽然、罗海城、李丹、黄宇红、陈俊娟、林慧群、钟志林、张震山、郭细喜、陈小琴、刘芳、薛建珍、陈允怡、刘冀瀛、陈德凯、赵雪平、梁伟柱、磨学进、商文、陆雪巧、夏红英、张茵、雷静、叶燕青、宋文明、钟艺、唐丽君、朱云志、曾文锦、李嘉碧、廖敏玲、龙思松、余丽琦、罗敏娇、吴跃芳、文凌辉、何石磊等经验丰富、成绩突出的教师。

在全新教育理念的引领下，学校教师经系统高效的培训，已迅速形成一支创新学习型教师队伍，为学校的高位发展提供坚实的保障。多名教师跻身于省市级以上骨干教师、名教师、优秀教师行列并获得各种荣誉称号，如崔海友、马丽娟、霍志刚、陈迪、蔡莉玲、李芸、徐四英、刘惠梅、余丽贞、邓伏黄、黄晓华、丁芳、罗丽鸿、陈锦威、肖晔、於发广、王官亮、杨方、林映映、陈文花、郭浪、黄南寿、刘娟、刘建、陈晓娜等66人。

优秀的师资队伍是教育教学质量的保障。一所高起点的学校，必须有好的师资、好的管理、好的领导。为了打造一支优质的办学队伍，使全校所有教师形成一股合力，天外采取了一系列做法。

1. 岗前培训

教师是一份既神圣又特殊的职业，踏上了三尺讲台，也就意味着踏上了艰巨而漫长的育人之旅。每一位教师都需要不断学习提升，在日常生活中不断思考教育教学中遇到的种种问题。

对于天外的教师而言，岗前培训尤为重要。因为天外实在是一所非同寻常的学校。她的不寻常，首先在于学生，天外的生源优质且整齐，来到天外的教师需要调整自己的教育方式；其次在于课堂，天外采用的是小班化的课堂模式，采取小组合作教学模式。如何让30人的小班发挥其最大效益，需要教师发挥自己最大的能力去探究。而这些，就是岗前培训的着力点。

(1)岗前培训内容

在岗前培训方面，天外除了在每学年开学前对教师进行3～5天的集体培训，请大学教授、省市区教育科研人员来校开展讲座之外，还经常邀请专家学者对天外教师进行教育教学方面的指导。

为了使培训更切合实际，天外更多的是让本校优秀教师来进行培训讲解：天外各部门负责人会分别就德育、教学、人事、后勤、管理制度与世界公民特色课程等做详细介绍；天外经验丰富的老教师则做经验分享，突出“和雅教育”特色的学科教学理念和小组合作教学模式及成果。

例如，2016年的岗前培训讲座有：天河区教研室科研办主任的《“互联网＋”时代对教育的启示》，集科研、信息技术与教学为一体；天外廖敏玲老师的《如何让课堂成为学生生命成长的舞台?》、蔡莉玲老师的《基于师生视角的互动教学》、李芸老师的《做中改，改中建——数学“问题引导式”建模过程》、王文琛老师的《英语教学启示》，等等。

经过岗前培训，教师们对天外的办学定位、发展目标、规章制度等都有了全面的了解。更重要的是，通过学习先进的教学理念以及交流与碰撞，教师们的教育教学观念开始发生微妙的变化。

一年又一年的岗前培训，已经是天外的传统。在岗前培训中，新老教师聆听着、交流着、思考着、碰撞着。他们一个个快速地融入了天外这个大家庭中，与其他教师一同发展，共同进步。

(2)发现伯乐的伯乐

在崔校长的眼中，天外的学生都是非常优秀的。他说：“管理好优质学生需要有伯乐精神。正如《马说》里讲道的：‘世有伯乐，然后有千里马。千里马常有，而伯乐不常有。’”千里马被伯乐发现，伯乐被谁发现呢？对于学生而言，教师应该是伯乐；对于教师而言，校长应该是伯乐。崔校长是一位发现伯乐的伯乐，他用“美人之美”的文化理念打造着和谐共进的师资团队。

每一位来到天外的教师，崔校长都会与其进行一小时以上的单独谈话。崔校长从道与术的角度，先从教师的思想观念开始，再到推荐书籍及学习方法的指导，引导教师对教育教学，尤其是新课堂教学模式进行思考，甚至还给教师布置“家庭作业”——写一篇两千字的原创学习心得。

为了打造“美人之美”的教师文化，崔校长还让所有教师每个月都要发现身边人的三个优点。因为发现他人的优秀，感受来自他人的欣赏所带来的幸福，会让天外教师彼此和谐共处，更加乐意互助合作。一年下来，当教师们发现大家都很优秀时，心态十分阳光，心情十分舒畅。

如此，天外教师的生活环境变得简单，整个教师队伍蓬勃向上，形成一种良好的文化；久而久之，就产生了巨大的能量。

(3)教师学习心得

崔校长遵循现代管理思想，按照教育的规律，按照人的发展规律，指导教师们学习李炳亭、魏书生、曾军良等教育名师的教学理念。

2016 年 8 月 14 日，崔校长和新入职的教师开了一次座谈会。温小勤老师深有感触，对崔校长教育视野之阔敬佩不已，对天外旨在把学生培养为“和雅君子，世界公民”的办学理念感慨万千。在崔校长向大家推荐了魏书生和曾军良两位名师的讲座视频之后，当天晚上，她便上网找来视频开始学习。随后，温老师还重温了万玮老师的《班主任兵法》和全美最佳教师雷夫的《第 56 号教室的奇迹》，彻夜未眠，写下了以下文字：

教育之道　唯有求索

我重新对教育进行了思考，抓住以下几点慢慢来求索或许会有所进步。

第一，教师要守住心灵的宁静。

魏书生在《给青年教师的建议》中说：“信息滔滔，红尘滚滚，诱惑遍地，评价体系多极，评价标准多元，越是这样，我们越要守住心灵的宁静。”我们要坚守着对教育的爱，坚守着历史寄予我们的责任，这样才能守住心灵的宁静。魏老师这一滴水要找到归宿。人要有归属感，特别是精神上必须要有一种归属感，不然，谁都会灵魂流浪，精神漂泊，思想没有依托，变得越来越浮躁。因此，我们要明确自己的位置，先从守住心灵的宁静做起，然后再来谈教育。

第二，教师要把自己修炼成一条河流。

不管是魏书生老师还是曾军良老师，都提到“教师不读书，教育就危险了”。曾军良老师提到一些教师的普遍行为：上班时间网购、看电影等。曾老师对此感到担忧，他认为教师经常教育学生要多看书，自己却不看书，不长进，长此以往，如何教育学生呢？很多教师自以为是，认为自己很优秀。殊不知，人因为无知而傲慢，也因为傲慢而无知。

要给学生一杯水，必须要把自己修炼成一条河流，仅仅一桶水是不够的。教师要努力把自己修炼成一条源源不断的河流，这样才有底气和能力给予学生更多知识。虽然老子有“吾生也有涯，而知也无涯。以有涯随无涯，殆已”的说法，但我还是坚持用有涯的生命来追逐无涯的知识。

第三，教师要维护好学生的自尊。

曾军良老师在讲座中讲了很多教师无意中伤害学生自尊心的例子。例如，在课堂上，某位教师设了几个问题，提问了几名学生。之后他又额外加了一些问题，说：“以下几个问题比较难，我们请几位优秀的同学来回答。”这句话无疑打击了前面回答问题的学生，使他们感觉老师给他们贴的标签便是“不优秀”。这个例子对我触动很大，很多教师有时说话不太注意，往往在不经意间伤害了学生。在学生的成长过程中，教师的一句话或许就会决定着他们的成长方向。在日常生活中，“言者无心，听者有意”的事情太多了。因此，教师一定要注意自己的言行，不能伤害学生的自尊心。

以上几点是我最近的思考，一言以蔽之：教育之路漫漫其修远兮，吾将上下而求索。今后我要好好努力，希望在天外这个舞台舞出精彩。

魏书生是我国教育界的传奇人物，他先进的教育理念、新颖的教学方式、民主科学的管理指导思想，在20世纪末就引起了教育界极大的关注，在今天仍具有很高的指导意义。在观看了魏老师的讲座视频之后，周薇薇老师又认真拜读了魏老师的《班主任工作漫谈》一书，并写下了自己的体会：

魏老师之所以能在教育这个领域取得如此多的成就，从根本上说，是因为魏老师对教师这个岗位由衷地热爱，对学生发自内心地关爱。只有发自内心地热爱事业、关爱学生，才会有那么多的奇思妙想。作为一名青年教师，我也在扪心自问，自己是否真的热爱这份事业，是否在不断地提高专业素质。现在，我并不敢大声说"是的"。比起其他教师，我明显还有许多不足，但在今后的工作中，我一定要做到保持积极乐观的心态，正确认识自我，养成良好的行为习惯，让自己做得更好。最后，借用魏老师的一句话自勉：要为前进寻找条件，不要为后退拼凑理由。

雷夫作为美国最有趣、最有影响力的教师之一，创造了轰动全美的教育奇迹。他所著的《第56号教室的奇迹》，记载了一个个普通而又令人感动的故事。天外的杨彬老师在读完这本书后，有了自己的见解与反思：

品读《第56号教室的奇迹》

头顶的星空和心中崇高的道德法则，这样的话对于孩子来说未免太过艰深，但对于教师却应该是一种基本的准则和始终贯彻的信念。教书育人，真正的教育从来就不局限于学习一技之长，培养某种能力或增加一些见识；更不能凭借所谓的考分，或是课堂表现衡量出优劣。过分执着于形式，只会使虚荣心和特权感挤走对知识的追求，让教学变成无聊而空洞的义务。

真正的教育应该是一种潜质的发掘、人格的养成和理想的陶冶。孩子的心是细腻而敏感的，他们或许无须完美地写下宽容、信任、原则，或是准确地背出字典里的解释。可作为教师，我们应该从言传身教中让他们懂得，与人相处时，信任和理解比怀疑与执念更快乐；面临选择时，何时应该报以大度的微笑，何时必须坚持自己的准则；阅读时，书籍的陶冶比别人的夸奖更有魅力；困境下，努力尝试过的牺牲也是另一种意义上的胜利。

十年树木，几年树人？我们从来没有百年的时间。百年之后的成人，只是对人生的一种或无奈或洒脱的看透。我们甚至都没有十年的时间，有时已种下的习惯需要之后数倍时间去弥补。教育所传达的，应该是一种对智慧的信仰和对生命的敬畏，一些习惯的养成，以及一种精神的传递。

每一个孩子都是天使，谁也不能否认遗传的重要性。教到“天才”学生一定是开心的，但即便是被认定了“落后”的孩子，他们弱的也只是某一方面，而不是人格和情感。

真正的教育、真正的尊重，不是喊出来的，而是从每一个细微的动作中做出来的。爱与尊重，是一种传承，它们源自最本真的教育。

每一名真正的优秀教师都来自对教育事业的热爱，对教学的总结、学习，以及对自我的管理。天外教师不仅要做一名会教学的教师，更要做一名有追求的教师。追求理想，即使现在困难重重；追求信念，即使现在挑战不断；追求境界，即使现在压力剧增。

教师们认真探寻着最佳的教育方式，挖掘着教育的本真，紧紧围绕学校的文化、理念和精神薪火相传，把天外当作自己的事业，用自己的身心呵护天外。有了这样的教师队伍，面向未来的天外教育之路，终有一天，会变成康庄大道。

2. 技能提升

天外除了注重教师的岗前培训外，还制定多项制度，以促进教师专业技能的提升。例如，“青年教师培养三项制度”——专业理论学习制度，听课制度，说课、评课制度。又如，新教师上好“四课制”——上岗课(新教师到校一个月内上一次上岗课)；合格课(新教师第一学期后期上一节合格课，也称考评课）；汇报课（新教师第二学期上一节汇报课）；优质课（新教师第三学期上一节优质课）。

为了帮助教师更好地成长，天外积极开展“四项活动”——新老教师帮教结对活动、教师基本功训练活动、青年教师课堂教学竞赛活动、班主任与辅导员经验交流活动。

（1）班主任技能大赛

桃熟流丹，李熟枝残，种花容易树人难。伴随着学生的成长，教师在成长过程中也逐渐老去。育人从来不是一个简单的是非判断题，而是充满智慧的辩证法。

如何让班级工作多一些新意，少一些随意，多一些灵气，少一些匠气？如何构建宽容、和谐、民主、活泼的班级主旋律？这是班主任育人工作中的重难点。班主任作为学校教育工作的第一梯队和主力军，需要不断地提高专业技能。

班主任，有时是讲师，有时又是心理咨询师，必要的时候还可能是医生，甚至是保姆。他们无所不知，无所不晓，简直无懈可击。在追求卓越的路上，天外努力地促进班主任的专业发展。

2014 年 12 月，天外举办了一场班主任技能大赛。让人惊喜的是，在这次班主任技能大赛中，有些并不担任班主任工作的教师也踊跃地参与其中。

这次大赛的重点活动是情景答辩，给参赛的选手一个情景，通常为学生在成长过程中遇到的问题。参赛选手需要从给出的题目中进行背景分析，提炼出问题的本质，并给出相应的解决方案。以初中组案例 07 为例：

品学兼优的学生小雨因为一次考试失常，遭到同学的讥讽，后来又在家长粗暴的教育方式下，产生了厌学和自卑的情绪。

问题：如果你是小雨的班主任，你应该如何帮助他走出困境？

对于以上问题，参赛选手这样回答：

导致小雨同学产生厌学和自卑情绪的原因有三：一是品学兼优生一次考试失常，二是遭到同学讥讽，三是家长教育方式粗暴。进一步分析可判断出，其中包含了更深层次的问题：优秀生耐挫力差问题、班风舆论及同伴压力问题、家庭教育暴力问题。而造成厌学和自卑情绪最直接的原因，是考试失常和遭到同学讥讽。

由此，班主任工作必须正视和关注优秀生耐挫力差的问题，采取有针对性的策略来帮助这位同学焕发学习热情、重拾学习信心。同时，班主任要注重正确的班级舆论导向与和谐班集体建设，促进同伴互助学习风气及互动成长关系的形成，并适当与学生家长沟通，纠正家庭教育观念。

班主任工作是一种教育艺术，它的生命在于创新发展。透过班主任对情景问题的处理方式和解决办法，可以看出班主任的专业理念、教育智慧和育人艺术。班主任是否善于把握教育契机，是否善于化不利因素为有利资源，是否善于利用个别问题来启迪教育全班，是否善于调动班集体的互动影响作用，是否善于把生活事件转化为教育过程……这一切的一切，无不蕴含着班主任工作的育人智慧、创意思考和教育艺术。

这样的比赛，不仅提高了参赛教师的班主任工作技能，也改善着观众的教育思想。

(2)体验式教研活动

2015 年 3 月 10 日，天外综合科组在二楼生物实验室开展了学期第二次体验式教研活动。这次活动的主讲教师为地理学科的廖敏玲老师，活动的课题为《区域地理的研究方法》，参加人员为综合科组的教师们。

体验式教研活动，简单而言，就是教师转换成学生的角色，模拟学生平时上课的模式，按照“自学把脉—互学观情—交流诊断—阐理治疗—反思康复”的课堂模式进行教学研讨。

课前，廖老师发给每位参加人员一份导学案，让他们自主学习相关内容并提出自己的疑问。接着，廖老师整合所有问题，再结合区域研究的思路进行分析、归纳，凸显教学过程中的专业性、实效性和方法性。

通过这种转换角色、转换思维的方式，教师们深度体验了作为学生上课时的心理状态和学习效果，从而对自己的课堂教学有所启发。课后，教师们就听课感受进行交流，进一步强化了体验式教研活动的成果。

体验式教研活动是天外一直提倡的教研方法，其目的是引导教师以学生的身份体验学习。教师以“学生”身份参与教研，由主讲教师组织课堂，主讲教师在选题方面从“学生”学习兴趣、思路、师生之间的互动等进行换位思考。可以说，这一教研模式为培养教师全面、科学的学生观提供了平台，也推动了课堂改革的发展。

3. 对外交流

互通有无，是人类早期就开始进行的一项交流活动。闭门造车，最容易导致的结果就是出门不合辙。为了让学校实现更快速、健康的发展，天外积极开展各种形式的对外交流活动，以吸取他人经验之长，弥补自身之不足。

(1)省外学习交流

2016 年 11 月，天外派教师前往北京，参加由国家教育行政学院、清华大学心理学系主办的第十五届全国基础教育学习论坛，听取了教育部有关领导、中国知名教育专家、国外知名教育专家的发言。

2015 年 10 月，天外派教师前往桂林，参加全国外语特色学校教育研究会第十九届年会，听取了广西师范大学附属中学校长刘新来的专题报告，对西安外国语大学外国语学校校长、宁波外国语学校副校长进行了访谈，重点关注了北京外国语大学霍庆文教授关于《更新外语教育观念　提升外语教育水平》的讲座。

2015 年 5 月，天外派到北京十一学校进行了为期两天研修的教师，深有感触。他们将自己在北京十一中学的所见所感分享给学校的所有教师：

了解北京十一学校是从一串数字开始的：4300 名学生、2062 个教学班、269 个学科课程、34 个综合课程、70 个职业考察课程、260 个社团……这是一个没有班级、没有班主任的学校。学生们每天根据兴趣在不同的学科教室“走班上课”，每名学生都有一张属于自己的独一无二的课表……这样的初识，给我的最大印象就是：颠覆，颠覆了我过去对学校的认识。原来学生可以这样上课！

教育应该以人为本，着眼于每一个人的成长与发展。人是教育的中心，也是教育的目的；人是教育的出发点，也是教育的归宿；人是教育的基础，也是教育的根本。一切教育必须以人为本，这是教育的本质。

可在现存的教育教学中，又有多少学校真正做到了以人为本，为每一名学生的成长而服务呢？很多时候，我们是在为考试服务、为学校服务、为学科服务。以课程开设为例，很多学校只开设必修课，不开设选修课，高考考哪门就只开设哪门。综合实践活动课教师开什么课，学生就学什么，教师根本不去了解学生的需求。很多学校设置了种类繁多的校本课程和学生社团，但开设的目的只是为了让学校生活看起来丰富而已，而不是从学生兴趣出发的。

如果教育是服务，课程是产品，我们提供的产品是否考虑过顾客的需求，我们是否真正为学生服务了？反观北京十一学校，他们构建分层、分类、综合、特需的课程，打破班级管理制、取消班级授课制、实行走班上课，每名学生都有一张属于自己的课表，看似颠覆了传统的教育，但仔细一想，他们的这些做法却是在回归，回归教育的本质——从学生出发，了解学生的需求、兴趣，为每一名学生成长服务。他们的成功源于坚守“以人为本”的价值追求。

世界那么大，只有走出去，才能看到一片不一样的天空。感谢学校给我这样的学习机会，让我能走出去看看。两天的研修活动，不仅开阔了我的视野，更新了我的教育理念，更将促使我不断反思自身的教育行为，让自己不辜负学生在最美好的年华与我仅此一次的相遇。

——雷静　《赴北京十一学校研修心得》

学生的差异化、个性化发展是课程改革的必然趋势。教育是为了把不同的人培养得更加不一样，教师的教学就是要满足不同学生的学习需要。周志英老师先提出问题“十年后，社会需要什么样的人”，然后用“3D打印机引领第三次工业革命”这样的预言说明十年之后，设计者将从少数精英到大批量需求，制造者的从业人数将急剧下降，以此说明“这个世界需要有想法、有个性特质的人”。那么，学校就要培养有想法的学生。如果我们的教育仍采取流水线式的教育模式，就无法适应未来社会的需求。

北京十一学校追求素质教育与优秀升学成绩的统一，是北京市高考600分以上人数超过200人的三所学校之一。北京十一学校学生多元、个性发展的特点得以进一步彰显，更多学生在全球范围内选择适合自己的大学及专业。学校国际部和本部出国班每年有学生接近80余人，而且在世界知名大学的商科、艺术、医学、工科等各专业排名靠前的学校录取中都有所斩获。中考、高考不是基础教育的终极目标，也不应当是衡量教育的唯一尺度。但是，一所学校能回归教育规律办学，立足育人，满足学生的成长需要而取得这样的成绩，我们只能说这所学校的办学是成功的，它悟到了教育的真谛，理解了教育的本质。

从某种程度上说，北京十一学校的改革是不可复制的，其面貌也不是我们所有学校的归宿，但我们可以借鉴其先进的理念、思考与解决问题的切入点、工作思路与路径等。比如，“学生第一”的理念，为学生营造良好的学习环境、温馨和谐的同伴关系和师生关系。比如，“不为高考赢得高考”“从学科教学走向学科教育”，提醒教师不忘教育职责，真正在日常教学中落实“情感、态度、价值观”的教学目标，凸显学科特点与学科思想，从兴趣出发，调动学生的学习积极性。

——於发广　《北京十一学校学习汇报暨育人模式创新的思考》

“以人为本”的教育思想，在对外学习的过程中一点点深化。怀揣着对教育教学、对课堂改革的思索与领悟，以及对学生的大爱，天外教师如同结蛹一般，积蓄着力量与智慧，等待着再一次的化茧成蝶。

(2)省内切磋研磨

第一，与广雅实验学校的英语同课异构。

2014 年 4 月 17 日下午，天外 20 多位教师在崔海友校长的带领下，前往广州广雅实验学校进行教学交流活动。

在两校教学部门的策划下，两校英语学科开展了“同课异构”听评课活动。广雅实验学校的汤晓明老师和天外的李沁老师，就自身对中考英语语法复习课的理解，呈现了两堂各具特色的语法课。

在课后的评课活动中，前来听课的各校教师各抒己见，畅所欲言，进行了精彩的点评：汤晓明老师的课充分锻炼了学生的自主学习能力；李沁老师的课有效调动了学生的学习兴趣，这表明教师不仅要重视知识点的讲授，更要关注学生综合能力的培养。来自真光中学的教师称汤老师的课“实用”，李老师的课“新颖”，两类课型平分秋色。来自陈嘉庚纪念中学的教师更是高度赞赏了两堂课达到异曲同工之妙，并提出两类课型在语法复习课中均必不可少。

此次同课异构的教学交流，为两校领导、教师共同探讨英语教学提供了良好的契机，是天外与广雅实验学校加强合作交流的良好开端，极大地激励着天外今后更好的发展。

第二，校际联动的同课异构教学研讨。

为进一步推进课堂教学改革，加强课堂教学研究，提高课堂效率，加强与兄弟学校的交流与联系，2014 年 5 月 22 日，天外与广州广雅实验学校、广州白云广雅实验学校、中山纪念中学三鑫双语学校、惠州市第一中学等省内名校开展了首届校际联动同课异构教学研讨活动。

来自广州广雅实验学校的钟立夫老师，广州白云广雅实验学校的王晓云、彭仁利老师，中山纪念中学三鑫双语学校的田小霞、魏海燕老师，惠州市第一中学的曾伟民老师和天外的丁芳、刘惠梅、林映映、陈义璇老师以不同的教学模式及教学风格，同课异构，演绎精彩的课堂。教师们扎实的教学功底、精彩的教学设计给前来听课、交流的 150 多位教师留下了深刻的印象。

广东省教育研究院教学教材研究室语文科主任王土荣教授，广东省第二师范学院外语学院李华教授，越秀区数学教研员吴平生，天河区教师进修学校郭世莉书记、谢文老师及天河区教研室教研员董海燕、田晓群、刘永东等专家对10节公开课进行了点评。他们或从理论角度阐述这10节课的执教理念的侧重点，或从课堂教学环节指出执教教师的亮点，或从每位教师的课堂实际点明进一步改进的方向……专家们的精彩点评让在座的每位教师都受益匪浅。

听评课活动结束后，各校领导还进行了深入的座谈交流。这次活动提高了天外教师的教育教学常规管理水平，促进了其教育教学理念的更新、教学模式的改革，同时为各校领导、教师共同探讨教学提供了契机，更为加强天外与省内名校的友好交流搭建了良好的平台。

教师应该像大海一样，敞开胸怀容纳百川；像太阳一样，不断进行新的核聚变，积蓄新能量，去照亮人类，照亮未来。

英国教育家洛克曾说过：“每一个人的心灵都像他们的脸一样各不相同。正是他们无时无刻地表现自己的个性，才使得今天这个世界如此多彩。”天外的教师来自五湖四海、四面八方，每位教师都有自己的特点。但他们对教育的热爱，对学生成长过程的关注，以及对自我的不断提升是一致的。

我们常说，要让学生学会自我教育、自我引导。那么，对于教师，让他们对自己进行培训，从自学再到参与学校组织的各项学习活动或培训活动，就构成了促进教师专业发展的一张密集之网。

二、竞扬风采的教师作为

(一)看见流动的升值

天外崔海友校长曾说：“一个人要在流动中实现自己的个人价值，不断让自己增值。”已过知天命之年的他，在创办天外之后，英语听说能力有了很大的突破，而天外的教职员工在其学习精神的感召下，也掀起了英语学习的热潮。

2013年9月25日下午，为推进双语教学的进程，提高非英语专业教师的英语水平，天外举办了双语教学“师徒结对”活动。“师傅”由教学经验丰富的英语教师担任，向有意愿进行双语教学的教师传授英语教学技能和技巧。校领导还为各位“师傅”颁发了聘书，“徒弟”们也向“师傅”们敬上了拜师茶。在数学老师於发广一口流利的英语陈词中，拜师活动达到了高潮。

非英语教师努力学习英语，进行自我提升，英语教师充分发挥自己的专业优势，教师与教师之间形成和谐互促的团队风气，对身处天外的教师而言，这是一种升值。这种升值，是一种流动的升值。其流动不是任职学校的变化，也不是任职的实质变化，而是在已有任职的基础上，增加新的为师角色。也就是说，天外教师指导学生参与比赛，是一种流动；担任德育导师，也是一种流动；担任世界公民课程领队，更是一种流动。

在一次次这样的流动中，随着角色的变化，教师的观念、行动以及业绩，也相应地发生变化。他们在专业上得到了更多的锤炼，得到了更多的提升。

随着时间的推移，天外教师习惯也喜欢上了这样的流动，因为，每一次挑战新的角色，都是开启一段新的旅程。在新的角色中，教师与学生一起，体验不一样的人生，充分发挥自己的智慧和才能，从而去影响学生。这样的流动，是有意义的流动，也是丰富人生阅历的流动。

1. 指导汉字听写大赛

在汉字听写大赛中，天外取得了优异成绩。这一切，不仅有学生的努力，也离不开教师的指导。当时，对于天外来说，指导学生参加汉字听写大赛，是一种空白，没有任何经验。于是，天外整个语文科组发挥协作奋进的精神，对如何指导学生进行汉字听写备赛，从整体设计到具体指导，都进行了扎实的分工、有效的训练。如此，天外从一开始参赛，就一连三界获得广州市汉字听写大赛第一名，随后在汉字听写大赛中年年都能取得实实在在的成绩。

汉字听写大赛的主要负责教师是语文科组的丁芳老师。丁芳老师在汉字听写大赛中所采取的策略，可以从全程参与比赛的学生中深切地感知：

第一次训练，映入眼帘的，是一份320词的资料。虽然不算多，但许多生僻的汉字却使我打了个冷战。怀着忐忑的心情，我拿着资料，埋头苦背。但是死记硬背的效果却极不理想。就在这时，老师和蔼地对我们说："不好背吧，我们就来个专项训练吧。"

本以为训练是枯燥无味的，老师却使汉字的学习变得有趣而多元。通过视频，通过字形结构的分析，通过讲述汉字的来源与背后的故事，我们进行学习，同时也对甲骨文、繁体字、声旁形旁等有了粗略的认识。这些知识，在增强汉字学习趣味性的同时，也拓宽了我们的知识面，为我们打下了坚实的基础。

渐渐地，我们对资料熟稔了。在天河区区赛中，我们如愿以偿，夺得了团体第一名，成功晋级了市赛。

但是，任务也随之加重。资料从320词，变为5672词。面对一沓厚厚的资料，我们心中打满了问号。但老师，仍是一如既往地自信："同学们，这些词不算什么，我们的汉字是直观而形象的，看看那些偏旁部首，就能猜出它们的一半意思了。对吧，吃掉它们，对你们来说是一碟小菜。"老师的微笑给了我们无比的信心。与此同时，老师也牺牲了更多的时间来陪我们练习，尽职尽责地帮我们听写词句。音乐记忆法、朗诵记忆、倒背记忆法……老师采用各种方法引导我们，激发我们学习汉字的动力。同学们也互相帮助，晚自习时，大家互背、互默、互听写，资料被一遍遍地翻来翻去。终于，我们背得滚瓜烂熟了。

市赛来临，凭借着烂熟于心的词语，带着老师的期望与拼搏的信心，一路过关斩将，我们又胜利了，荣获广州市团体第一名。而我也取得了个人一等奖的好成绩。

接下来，就是关键的省赛了。为了备战，我们要背的不仅仅是生词资料，而且是整本的汉语词典了。面对这块硬骨头，老师带领我们，众志成城，硬是把厚厚的一本汉语词典，分解成四级难度的词汇表；利用车轮战法、团队攻击法、联想记忆法，对汉语词典发起了一次次冲锋。梦想的路上总是充满了汗与泪。每当我们疲倦、失望、彷徨与紧张，老师便会舒解道："加油！我们不要太在意结果，重要的是拼搏的过程。只要努力了，就无愧于自己！"老师鼓励我们，同学们更是互相帮助，互相打气，互相分享背诵的方法。老师牺牲的时间也越来越多。早读、午休、晚自习，她们全心全意地投入，陪我们在梦想的路上一步一步走下去。

汉字听写大赛，在这一场场追逐梦想的奋斗中，我不仅感受到了学校的神圣荣誉、老师的无私关怀、同学间同舟共济的友情，更深刻地感受到了学校、老师给予我们每个人的精神与品德上的开化、教养，使我们有了更加开阔的视野，面对困难时更加坚强和自信，对人生有了更高的梦想与追求。

——初二(6)班 宋笛秋

丁芳老师常说，要给学生一碗水，教师必须有长流水。作为一名语文教师，就应该做有心人，并拥有一颗智慧的心，去不断收集和积累教学资源，将它们引入课堂，拓展教材内容，解放学生的头脑，开阔他们的视野，充实他们的心灵，提高他们的语文素养。

来到天外之后，丁老师努力挖掘学校的课程教学资源。针对写字课，她增添了"说文解字"这一教学内容，让学生探究字的结构、起源和含义。在经典诵读课中，她与其他语文教师自编了教材，拓宽学生的文学阅读视野，引导学生朗读和背诵《论语》等经典文学。她还针对天外校本课程——新闻课，设计了"课前三分钟新闻评论"环节，将新闻素材引入作文教学，让学生以《那一幕，触动了我的心灵》等为话题写作文……超越语文学科的课程架构，让学生爱上了语文，从中收获了学习的乐趣。

2. 在德育导师工作中成长

天外对学生德育方面的师资配备，除了安排常规的班主任之外，还实行全员德育，将科任教师也纳入德育队伍中。每位教师负责8～12名学生，真正落实“教书”和“育人”的有机结合，纠正“教书”与“育人”彼此脱节的现象。在担任德育导师的过程中，教师们对教育的理解，有了更深层次的体会。

开学初，学校安排我做初一(2)班10位同学的德育导师。其中，有一位男生叫小艺，学习基础较差，学习习惯不好，上课时常不遵守纪律，不认真听讲。开学初，每次看到他上课走神、讲话，我都会严肃批评，同学们也对他冷嘲热讽。后来，一次偶然的机会，让我转变了对他的看法和教育方式。

一次上地理课，我提了一个有难度的问题，班上好几位同学都回答不上来。这时，我看到小艺把手举了起来，于是我让他来回答。没想到，平常上课经常不在状态的他居然答对了，不仅回答准确，而且表达清晰。我抓住机会“狠狠地”表扬了他一番，夸他勇气可嘉，思路敏捷清晰，回答简练中肯，很有天赋和潜力；并当着全班同学的面对他提出希望，说如果他在学习上更用心、上课更集中注意力的话会进步更大。同学们也一改以往不屑的态度，发出一片赞叹声，并对他的表现报以热烈的掌声。他有点儿不好意思地低着头，但满脸都是高兴和自豪的表情。

后来的地理课上，他的状态明显和以前不一样了，学习也更加专心，回答问题更加积极了。整个人的精神状态比开学初好了很多。期末地理考试，他比期中考试进步了十几分。

这一案例让我再一次认识到表扬与鼓励的强大力量。教育心理学中的期望效应表明，教师对学生的看法、期望会影响学生的学习情绪。教师应坚持以找优点为评价的出发点，突出鼓励性评价，用发展的眼光看待学生，让学生体验成功和进步的快乐。

在以后的教育工作中，我对学生要多表扬、少批评，多鼓励、少打击。发掘每名学生的优点与长处，让他们从教师肯定、赞赏的话语中获得满足感和成就感，进一步树立自信，自觉提高对自己的要求，提高学习的积极性。

教师的生命价值终究要体现在学生的身上，与学生的交往，是教师不可或缺的部分。天外的德育导师制将所有教师融入学生之中，并对表现优秀的导师进行奖励。每学年，天外都会评出“班级教育小组优秀导师”“班级教育小组优秀工作者”，并统一颁发奖状或证书。在德育导师的体验中，许多科任教师得到了提升。

3. 走向世界的领队

天外开设了世界公民课程。每年暑假，都有一群天外学子参与到前往欧洲或美国的世界公民课程中。

这门契合办学理念的“世界公民课程”，让学生在国外教育基地沉浸式地学习语言和文化。世界公民课程是天外根据办学理念和培养目标而设定的一门课程。根据学生英语水平分班上课，每班约12～15名学生，均与来自世界各国的同龄学生一起上课。学生不仅避免了用汉语交流的习惯，还可以结交国外朋友，培养国际意识，学会从不同的角度看问题。同时，学生亲身感受外国教师生动、活泼的教学模式，参与课堂活动，提升了英语学习和运用的能力，还增强了创造性和独立性。在两天沉浸式的英语学习中，每天我们还安排半天的文化体验活动，让学生充分感受牛津、剑桥等世界顶尖高校深厚的文化底蕴和历史积淀，体验名校生的校园生活。课程学习特别注重让学生开口说，学会地道恰当的英语表达方式。在国外生活，学生也可以深入了解西方的文化礼仪及风俗习惯，加强了国际理解能力。

与学生们一同前往的，自然少不了天外的教师。截止到2017年，他们积极参与其中，成长为领队，和学生们一起走向世界。

领队是一个综合性很强的角色，是微博博主、摄像师、学生的朋友、保姆、记者、活动策划者以及教师角色的总和。在与学生同行的过程中，刘娟老师用自己的言行引导着学生：

今天上午，学生照旧和法国学生一起上课。午餐后，我们要前往的地方是剑桥的市政厅。在那里，市长秘书给我们讲述了剑桥的历史。全英文的讲解，不知道学生听懂了多少。但市长秘书亲自为我们讲解，实在让我感触颇多。除此以外，这位先生还带了不少与剑桥历史有关的真品，让学生们动手摸，市长袍还可以让学生们穿在身上，实在是太让他们兴奋了。

市长秘书说，如果女王来了，他就要举着这个手杖来迎接。这么重量级的手杖，其实一点儿都不重，从接下来的几张照片(照片略)就可以看出，好多学生是一只手举着的。手杖的单词，这位市长秘书和别人用的不一样，无奈之下，我只好请他拼写出来，旁边站着好多学生，他们也在暗暗记着。大庭广众之下，作为领队教师，我已经不止一次厚着脸皮请别人将单词拼读出来了。亲身示范的目的，就是为了告诉学生们，谁都有知识的缺漏，不要觉得丢脸，不懂就要张口去问。

不懂就要问，这是非常朴素的道理；但是人们因为种种原因，或出于害羞，或出于自卑，或出于自尊，往往无法做到。闻道有先后，术业有专攻。教师也是一名学习者，需要不断地获取知识，完善自己。

在看到这篇博文之后，家长们纷纷对刘老师的做法表示赞同：

“亲身示范的目的，就是为了告诉学生们，谁都有知识的缺漏，不要觉得丢脸，不懂就要张口去问。”真是好学的刘老师！真心希望孩子们能懂得这一点！向老师学习，不耻下问！

——网友 longkouxi-yingzi

“谁都有知识的缺漏，不要觉得丢脸，不懂就要张口去问。”刘老师真是用心了，赞！

——网友 V少校

孩子毕竟是孩子。如果没有精心搭建的平台，游学团和观光旅行团没有什么两样，根本谈不上学，“到此一游，拍完就走”的旅行或许可以增长见识、体验生活、享受乐趣，但毕竟所学甚少；如果没有正向的激励和引导，游学不仅未必起到正面作用，反而成了孩子堕入歧途的诱因。“游”和“学”并不矛盾，不是有“游”就没有“学”，有“学”就没有“游”。

天外世界公民课程的开展，在很多方面都保障了让“游”“学”互相促进。世界公民课程，不同于游学，因为世界公民课程是按照课程的理念来运作的，为了学生，依靠学生，成就学生。在这样的课程中，学生的综合素质能够得到全方位的挑战和进步。即使在部分学生身上改变不会一夜之间发生，这段经历也必将为他们的未来埋下种子，总有一天会被激活。

在成长为走向世界的领队的历练中，天外的陈俊娟级长这样惊叹学生们的课程表现：

本学期开学前的几天培训，我就思索着如何上好新学期的第一课，计划着如何安排新学期第一周的教学。

按以往的经验，秋季学期的第一周是学生们调整学习状态的一周，因此，我的第一课安排学生们谈论他们的假期活动，第一周检查反馈他们的暑假作业并预习新课。

结果，开学第一课就令我大开眼界。学生们自信大方的自我展示、图文并茂的话题内容、中外结合的点评、流利的英语口语表达，特别是口语化的表达，令我耳目一新。

我心里清楚，在课堂上表现精彩的学生都参加了学校组织的世界公民课程，如应昊翔、林泽柠、万如峰、张岱洁、朱俊熹、谭由由、王露晓、叶雨萌。他们积极主动地记单词、背诵课文、完成作业，作文也写得妙趣横生。世界公民课程让学生们在词汇量、沟通能力、随笔日记习惯、总结汇报技巧方面都有所提高。

我为学生们取得的进步感到骄傲！

万如峰家长在参加了世界公民课程的活动后，则这样分享旅行中的快乐：

我家孩子万如峰第一次走出国门，而我们的初衷是让孩子参与集体活动。在22天的活动中，我和所有家长一样，跟孩子一起倒时差，每天关注“世界公民”博客，浏览孩子们的游记，观赏孩子们的视频；每晚坐在电脑旁，在游学群中，一边跟所有的爸妈一起分享自家孩子们来电的喜悦，一边等着带队老师发布孩子们当天活动的照片。所有的这些，都足以让身在国内的爸妈的心跟着孩子们一起放飞，感受孩子们的快乐和收获。

8月9日，我们终于盼到了儿子的游学日记。他没有辜负长辈的希望，我们不仅看见了他书写的进步，还从字里行间感受到了他的快乐。他学会了解决问题，开阔了视野，感受到西方国家的文明，了解到西方国家辉煌灿烂的历史和西方人现代的生活方式和生活环境。

（二）看见进取的风格

积极进取，不仅仅是年轻人的专属形容词，更是长期从事教育事业的天外教师的标配。这里，呈现李芸和罗丽鸿两位教师的故事，以窥视天外教师不断进取的风格。

1. 善教乐研的教师

从事教育工作近20年的天外教师——李芸，热爱着教育事业，对学生极富爱心和责任心，始终把“挖掘学生最大的学习潜力”作为自己教育教学的行为标准。近20年的兢兢业业，让她深受学生的喜爱、家长的欢迎和同事的认可。

2012年来到天外之后，为了适应优质生源，寻找最合适学生学习的方式，挖掘他们最大的学习潜力，李芸老师开始尝试让学生在预习中提出自己的问题，第二天再以学生的问题为主要内容进行教学。这样，学生的学习积极性和创造性得到最大的发挥，教学也更有针对性了。

三年下来，她所教的两个班级中考数学平均分分别达到133.4分和131.6分，名列广州市第一名、第二名。在天外第二届初中生毕业时，她所带领的数学备课组的中考数学平均分再创新高，达到133.4分。如此优异的成绩，让她对自己所做的教学实验信心百倍，并据此申报了广东省教育科学院课题“基于预习环节的初中生数学提问能力的培养研究”；经过两年的研究，目前已经到了结题阶段。

在班主任工作方面，李老师来到天外之后，接手了首届天外学生的班主任工作。在接下来的三年中，她与学生同奋斗，共进步，全班同学与她团结一心，在多项活动中都取得了年级第一的好成绩。2015 年中考，全班取得了总平均分 739 分的好成绩。由于表现优秀，她荣获 2012 年“广州市优秀班主任”称号以及 2015 年“天河区优秀毕业班工作者”称号。

她以为，作为一名教师最值得骄傲的事，便是以教学研究为乐。善于反思，勤于学习，勇于尝试，是她对自己的评价。为了能使自己的研究让更多人看到，她积极撰写论文。她撰写的《错又何妨》《图形运动问题》发表在《中学数学教学参考》上。与他人合作的论文《2014 年中考数学试题“函数”分类解析》《研磨法要同思忖　究精知微书香醇》发表在《中学数学教育》上。目前正在撰写的论文《顺应思维同生长　慢玩概念乐品思》，也已通过《中学数学教育》的第三次审稿，即将发表。

此外，她还参与了以下课题的研究：主持天河区一般课题“基于评价标准的初中生数学学法指导研究”，以优秀等级结题；作为第三研究者，参与广东省教育科研课题“基于质量监控的数学科三校联盟教研模式应用与发展研究”，以优秀等级结题；参与课题“三段六步复习教学模式”，获得广州市优秀成果奖二等奖；担任省重点课题“初中数学超常生学习案例收集分析及其对广东省中小学课程建设启示”子课题主持人，并已结题。

从 2011 年起，她便参加了广东省自主教材初二年级的编写，参加了广州市北部山区镇中小学骨干教师的培训活动，并担任了湖南国培计划、广东省农村教师培训等的培训教师，还曾去往韶关、揭阳、百色、甘孜州等地区，或上课或开讲座，为那里的教师带去最先进的教育教学理念和教学方法。

“广州市第二批百千万名教师培养对象”“广东省第二批百千万名教师培养对象”都有她的一席之地。在《广州市名教师认定个人事迹材料》中，她说：“教师这个职业充满了艰辛，想要成为一名不虚度光阴、不误人子弟的教师更是不易。虽然追求卓越的路并不平坦，要付出别人难以想象的努力，但同时也是令人欣喜的，使我感到了存在的价值。我会继续努力，为我的理想奋斗终生。”

在天外，作为科组的“老教师”和“名教师”，她乐意积极分享个人教学心得和科研成果。作为备课组长，她积极营造教研氛围，团结并带领备课组教师钻研教材，认真备好每一节课，组织好每一次测验。作为年轻教师的“师傅”，她认真指导“徒弟”理解教材、撰写教案，和“徒弟”一起磨课、上课、修改，再磨课、再上课、再修改，甚至亲自上示范课，如此反复循环直至满意为止。通过这样的悉心指导，她的几名“徒弟”在工作中上手很快，发展得很好。

以自身的进取带动他人一起前行，以自身的优秀促进他人一起向上。天外的教师队伍，在这样的氛围之下，茁壮地成长着，坚定地行进着……

高二年级的范原浩曾是李芸老师的学生，从李芸老师这里，他找到了家的感觉：

我从天外创办开始就一直在这里学习，也可以算是天外“元老级”的学生了。在天外生活的这些年，说实话，确实蛮舒服的，因为天外给人的感觉就像一个家，甚至可以说，天外就是我的第二个家。在这里，有许多令我感动的事情，让我难以忘记，甚至铭记终生。说到这里，我就不得不提起初二时真实发生在我身上的事。

初二的时候，我的成绩处于班级中等水平。有一次数学考试后，老师按照成绩顺序从高到低发卷子，可一直没有发到我的卷子，我很紧张。结果就是那次，我考了全班倒数第一。是的，倒数第一，最后一名。我现在都还记得当时万念俱灰的心情。我以为父母会骂我，我以为老师会责怪我，我也以为同学会嘲笑我。但是，那些都没有发生——一切都像平常一样继续，而唯一有变化的，就是李芸老师开始在每节数学课上花几分钟时间表扬我，然后班里就会响起掌声。那段时间，每节课上，李老师都会拿着我的作业本，在班上说："你们看看范原浩的作业，他真的很认真，真的很令我感动。"每次说完，班里都会有掌声。那就是家的感觉，就是一种温暖的感觉。

2. 快乐教学的教师

学生喜欢用特殊的称谓表达对老师的情感，学生给老师起外号，大概是每所学校，甚至每个班级都会出现的现象。

"萝莉"一词，通常是指年幼可爱的小女孩。在天外，有一位从教20多年，年近半百的罗丽鸿老师。她，也被天外的学生们称为萝莉、大萝莉。当然，也常常听到学生、家长，甚至年轻的教师，亲切地唤她为"罗妈"。

这位性格开朗、热情乐观的罗妈，在教学理念上也提倡"快乐学习"。她不喜欢照本宣科地备课，总是从学生喜欢上什么样的课的角度，来进行备课。讲台上的她总是激情饱满、神采飞扬，像打了鸡血一样。只要她一上讲台，学生们会立刻被她吸引，各种笑话、各种经典故事时不时地蹦出来，学生们上得乐不可支。

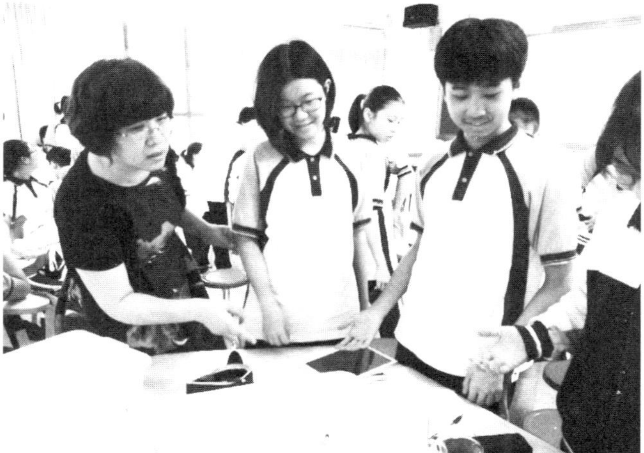

罗老师和学生在物理课上

幽默机智是丰富的教学经验加深厚的学科功底的体现。罗老师说：“这些年来，我几乎没怎么看过电视，每天晚上基本上都是在备课、做课件、批试卷、编制试题、查找资料……同样是一堂课，一样的知识点、一样的难度，高高兴兴和被迫学习，最终的效果绝对不一样。所以这些年，我所带班级的成绩，总是比同类型班级的成绩要高。”

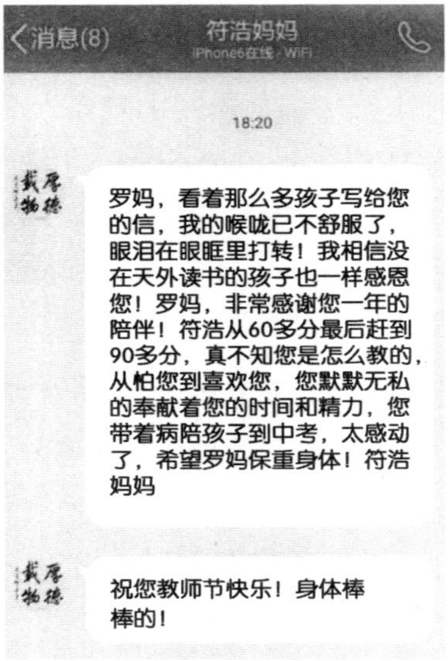

学生家长发给罗老师的信息

对待每一堂课，罗老师都精心准备。上实验课之前，她甚至还会自己制作实验教具，所以每当上课前，学生们都会跑去办公室问：“老师，今天要搬器材吗？有什么实验？”学生对她的课堂充满了期待，而她自己也有了收获，不但收获了学生的爱，也收获了教育成果。她曾有关于实验教学的论文获得了市级二等奖，在市教师实验大赛上也获得了二等奖。

在天外，在众多90分以上的学生之外，每一届学生中总会有几名学生没有将心思放在学习上，成了成绩拖后腿的学生。

2016届，有名男生沉迷于小说几乎到了无法自拔的地步。几次发现他上课看小说后，罗老师跟他进行了沟通交流，还把他的妈妈请来一起沟通。聊到最后，母子俩抱头痛哭。后来，他在罗老师的指引之下有所转变，最终中考物理成绩达到了90多分，让他的妈妈都惊喜万分。

2015年，成立才三年的天外首次参加广州市中考就挺进了三甲，有媒体用“该校成绩之高令人咋舌”来形容。新华网走进天外，独家专访了崔海友校长。

新华网记者对天外学子在网上发布的帖子称“老师和学生的关系莫名的融洽”感到十分好奇。对于这个问题，崔校长说：

天外教师的敬业，在业内颇为闻名。我自己能说出天外每名学生的姓名，对学生的特点信手拈来。我每天早上7：10就来到学校，开始巡视校园，并走进学生中间交流学习生活情况，收集的信息和问题会以最快的速度处理并落实。

天外最初招聘教师时，不仅要考察其业务水平，还要观察其仪态，希望招到的教师都和蔼可亲、开朗乐观，以收获更为和谐的师生关系。不仅如此，学生还有教师的手机号码和QQ号码，平时通过各种途径沟通交流。学校的各种活动都给师生创造亲密接触的机会，不仅创造了温暖的环境，也拉近了师生的关系。学生能体会到教师的良苦用心和朋友般的关心，更愿意接受教导。

天外对教师们严格要求。但教师们似乎乐在其中。天外教师给人的印象是精力充沛、干劲十足。而且，天外的教师把所有精力都用在学校工作上。物理罗丽鸿老师被家长和学生亲切地称呼为“罗妈”。她常常在家长群和家长们沟通到深夜，并且通过多种方式跟踪学生的学习。她曾说：“寒假里，我每天都坚持录一节微课，上传到微信公众号上，让学生们跟着这个进度复习。每天早上学生们在家睡懒觉时，妈妈们就拿着手机，打开我的微课，学生一听老师的声音，就起来开始学习了。”

教师们如此勤奋努力，自然会打动学生。天外学生有着非常浓厚的学习、钻研的氛围，进而促使教师更加勤奋努力地工作，教师的这种精神又会感染学生，从而形成一个良性循环，大大提高了教学效率。

学校坚信，让教师实现教育梦想，学生才能实现梦想。因此，学校非常重视教师的专业发展，致力于提升支持教师的培训学习，用“请进来”(专家讲座和校际交流)、“走出去”(外出学习)、“送出去”(展示自我)相结合的方式，让教师不断进步。在过去的几年中，在教育局的支持下，天外教师频繁地在国内、国外学习，积极交流，努力汲取各个学校办学之精华，也较好地实现了高位起步。

以己之真，交学生之心；以己之善，导学生之形；以己之美，塑学生之形。这是罗老师每天教育教学工作的日常，也是天外教师每天在做的事情。

对于教育来说，师爱是永恒的主题。教师对学生的爱，是一种将全部心血和才智献给学生的爱。这种爱是深沉的，它蕴含在为所有学生所做的一切事情中，使学生在任何时候都感觉到这种真诚。

在天外的校园中，教师们挥洒过无数的汗水和泪水，留下了无数的行迹与心迹。天外的教师，不是一群专门修剪学生枝丫的园丁，他们没有权威裁决权，没有功利思想，不会对学生进行整体划一的判定。他们真心地、无悔地付出，赢来学生真诚的尊敬和爱戴。他们善教，在课堂教学中发掘学生的兴趣，激发学生的热情和内驱力，共筑每一个天外学子的美好未来。

第六章

学生：和而不凡，雅而越己

6 年，不长也不短。创办 6 年来，天外以和雅品格、全球视野、优良校风、优异成绩向关心天外的社会各界交出一份满意的答卷，也描绘出更加灿烂辉煌的明天。

随着“和雅君子，世界公民”办学理念的演绎，天外的学子洋溢着“和而不凡，雅而越己”的风采——

短短的历史，刚刚迈开 6 年拼搏的脚步，奔向那高远的教育理想。是的，就在典雅的天外，他们乐为君子，他们和而不凡。

菁菁的学子，你来我往激荡生命的风采，展现那引领世界的志向。是的，就在心远的天外，他们亲近世界，他们雅而越己。

你看，乐今朝，我们笑舞和雅……

你听，向未来，我们欢唱和雅……

一、乐为君子的学子格局

(一)你我他，近显和雅

“和雅君子”是天外学子的追求，更是天外学子的样态。

每一天，天外之内，珠江之滨，他们悄悄又火火地书展现平凡多姿的爱心。

每一天，天外之内，珠江之滨，他们悄悄又火火地演绎着人格独立的有为。

每一天，天外之内，珠江之滨，他们悄悄又火火地绽放着雅而越己的风采。

1. 学子爱心：平凡多姿

2017年1月11日，在建校5周年到来之际，天外向全校师生、家长征集具有标志性、纪念性的文稿、实物和图片。在这一活动中，天外收到了许多以《雅言雅行——我身边的和雅君子》为题的文稿。这些文稿都出自天外学子之手，记录的是天外和雅君子的无私奉献，讲述的是天外和雅君子的助人事迹，展现的是天外每一个人身边的和雅君子风采。

(1)学姐的关爱

一个人对一个地方最开始的印象，往往与其最开始接触到的人有着密切关系。初一(5)班潘钰玲同学对天外“和雅君子”的理解，从来校的第一天开始，便深有体会：

第一次来到天外，我走进校园，这个陌生又庄严的校园给我原本就紧张的心里又添了几分忐忑。

我走进教室，里面竟然空无一人，不知道是不是因为在走廊迷茫太久的缘故，导致我错过了什么。这时，一位学姐路过，笑着问：“学妹，你在教室干吗呢?”我半天没反应过来学姐是在跟我说话。“学妹，今天刚开学，初一新生要去宿舍整理哦！”我终于明白过来了，连忙道谢。从这一刻起，我紧张的心情立刻变得轻松起来。

左拐右拐，我总算来到了宿舍，看见宿舍里熟悉的同班同学，内心对好心学姐充满了感激。

到了吃午饭的时候，我拿着陌生的水卡、饭卡，又迷茫了。凭直觉，我拿起了绿色的卡走进食堂。我点好菜，拿出卡，淡定地放到感应机上，但意料中机器的感应声并没有响起。食堂阿姨笑着说：“这是水卡，不是饭卡！”我立刻乱了阵脚。就在此时，旁边一位学姐托托眼镜：“学妹，我借你饭卡吧，下次记得带！”她迅速地拿自己的卡在机器上刷了一下，又说：“也就几块钱的事，不用还了，下次注意！”我满怀感激重重地“嗯”了一声。

光是开学第一天，我就遇见了这么多窘境，但也遇到了不少好心人。我不由地感慨，天外，确实是和雅君子的聚集地啊，我以后也一定要多帮助身边的人。

(2)学长的引领

“高山仰止，景行行止。”具有高尚情操的人，其举止令人赞美，甚至让人不由自主地跟随。他们就像和煦的清风，像剔透的雨露，给平淡而琐碎的生活带来无限清凉。

在天外，初一(5)班梁瑞岚同学对这样的清风雨露，就备感“清凉”——

晚饭时间，食堂里熙熙攘攘，同学们都在争分夺秒地忙自己的事情，人人都显得有些匆忙。食堂阿姨推着手推车走向那一摞高高的餐盘，同往常一样，把它们一叠一叠地放入箱子里。箱子里的餐盘已堆得像小山一样高了，“山顶”摇摇欲坠。突然，最顶层的一个餐盘滑落，于是，接二连三地，其他餐盘也跟着噼里啪啦地掉落下来，声音响彻了整个食堂，阿姨脸上满是无奈。

这时，一位高个子学长看见了，他立刻放下手中的筷子，帮助阿姨捡起餐盘来。一旁的人看到学长的举动后，也纷纷加入，满地的狼藉很快被收拾干净了。阿姨的脸上顿时满是笑意。

(3)同学的帮助

天外是个温暖的大家庭。在这个大家庭里，大家和睦相处，互帮互助。那些无私帮助别人的人，就是“和雅君子”的最佳体现。

且看一名学生笔下的君子之助：

升入初中，学习科目一下子多了起来，让我有些措手不及。历史，变成了我的薄弱科目。

历史课上，我十分努力地听老师的讲授，可老师的话如天文一般难懂，一个个的字眼也像催眠符一般，让我昏昏欲睡。课下，我也很认真地复习，很认真地完成老师布置的作业。但无论我多认真，一看到题目，还是无从下手，只能抓耳挠腮。在历史这门科目上，哪怕我付出再多的精力和时间，也只能考 80 分。这对于在小学名列前茅的我可是一个不小的打击。

我有一位同学，身材不高，在人群中并不显眼。她从小就对历史十分感兴趣，无形中也积累了不少知识。学习历史对她来说，非但没有压力，反而还是一种乐趣。

当她了解到我的困难时，便给予了我很多帮助。下课时，她带我复习知识点。晚自习时，她牺牲自己宝贵的学习时间帮我出题，巩固知识点。期末考试前，她更是牺牲了自己的复习时间，将书中所有的知识点给我详细地讲解一遍。

有了她的帮助，我的期末考试终于考到了 85 分以上。虽然这个分数对很多人来说不足挂齿，但对我来说，已经是很大的进步了。

(4)学弟的暖行

天外的君子层出不穷，你永远都猜不到他会出现在哪里，会在何时出现。正因如此，在天外的校园里，总是能在不经意间收获满满的感动。

天外的校园，因为每一个和雅君子的点缀，变得像家一般温暖。高二(1)班范原浩同学对此感受尤深：

前些日子，我在准备社团开放日的节目，每天中午都要去音乐室排练。有一天中午，突然进来了一位学弟，他也是来练琴的。看我在练，他便在一旁静静地听着。过了一会儿，他问我："学长，你每天都来吗?"我说是。然后，他就说他要去吃饭了，下次有机会再来。于是，我就一个人在音乐室，练到了接近午休时分。这时，那位学弟回来了，手里还带了一盒维他奶和一排奥利奥，放在了我面前，转身准备走。我叫住了他："学弟……"他打断了我，说："没事，学长，你还没吃饭呢。"看着他瘦小的身影消失在了门外，我无比感动。

在天外学习的这些年里，我渐渐明白了，学校能给你的，不仅仅是知识，更有温暖与关怀。哪怕有的人我并不认识，我也能感到一种同属天外人的亲切感。在天外，我甚至可以和保安队长聊八卦，和宿管聊电视剧，和老师聊足球，和电工聊家常……没有距离感，生活自在舒服。这，应该就是家的感觉吧。

在《孟子·梁惠王》中，梁惠王请教孟子如何使国家繁荣昌盛，孟子提出："谨庠序之教，申之以孝悌之义，颁白者不负戴于道路矣。"庠序就是古代的学校。恭敬地办好学校，教导学生孝敬父母、友爱兄弟……如此一来，头发斑白的老人就不会扛着重物在路上行走(由年轻人代劳)，在这样的风气之下，国家就会繁荣昌盛。就现在的学校而言，让学生懂得在校尊敬师长、友爱同学，在家孝敬父母，在社会上凭借自己的能力，帮助他人、影响他人、造福他人，这就是教育最朴素的愿望和职责，同时，也是学校蓬勃发展、永不枯竭的动力。

天外的学子，就是这样热心善良，关爱学弟学妹，帮助食堂阿姨，援助馈赠同学……一个个和雅小故事，关爱他人、帮助他人、传递友爱、传递温暖，天外的每一处、每一刻都在书写着。

2. 学子有为：人格独立

人作为一个独立的生命体，更多的是一种精神存在；拥有独立精神，具备独立人格，是一种修炼。对于青少年而言，独立人格具体的表征之一，是不人云亦云，不随波逐流。

(1)功在平时的魅力

“在此独立人格，从此走向世界”是天外的追求之一，因为只有具备独立人格的学生，才能自强不息，获得长远发展。在天外，学生们欣慰地发现，身边潜藏着不少具有独立思想的同学，从他们身上，看到了自我克制的力量，发现了高度自律的价值。

高三(5)班姚子娆同学就从朱海莹同学身上，发现了这样的魅力：

今天体育课跑200米，第二次跑的时候老师不再计时，也没有站在终点处。这时，很多同学就开始偷懒了，很多人跑到离终点20米远的地方，就停止了，改用走的方式，还有的同学甚至不走到终点就跑去休息了。可是，朱海莹坚持下来了，尽全力一个人冲到终点。

我想，这就是朱海莹与别人的差别。有很多同学不认真对待平时的练习，他们或许是累了，或许是被难住了，就不再坚持完成任务了。海莹姐姐的体育进步很大，因为她认真对待每一次练习。她让我懂得了“功在平时”。

(2)自主自律更自由

有独立人格的人，可以拥有一种淡泊、宁静的心境，能够保有一颗崇高的心灵。在学生中，这些不被环境影响、坚守原则的人，就像一个个和雅标杆；在不久的将来，他们也将成为社会的脊梁。

天外周泽豪同学用“每当我回头的那一刻”的笔触，呈现了一种自律的自由：

自习课，老师没有来教室，我们也就开始放肆起来。“难得如此快活！写什么作业！”同学们这样嚷嚷着，我不经意地回了头，却发现他端正地坐着，安静地做着自己的事情：时而抬起头望着天花板思考，时而皱着眉头思索……仿佛一点儿也没受其他同学的影响。

看到他如此认真，我羞愧地无地自容，立刻停止了玩儿闹，专心投入学习中。

下课之后，我去和他聊天。谈起这件事，他只是淡淡地说道：“哦，这没什么啊，自律才有自由。”天哪！这对他来说仅仅是一个习惯，一个他一直保持着的习惯而已！

每当我回头的那一刻，总能够看见他专注的眼神和挺直的身板。他的形象已经深深地刻在了我的心中。因为我知道，在喧嚣的环境中，有一个不受他人影响的他，一个不懈努力着的他，一个“出淤泥而不染，濯清涟而不妖”的他。

在《论语·里仁》中，孔子说：“里仁为美，择不处仁，焉得知?”跟有仁德的人住在一起，才是好的。如果所选择的居所不是跟有仁德的人在一起，怎能说你是明智的呢？与仁人相处，会变得明智；与优秀的人同行，也会变得优秀。

在这些具有独立人格的学子的影响下，其他学生也被调动起来，成长为更正向、更独立的世界公民。就在这样的有为中，天外的学子成长着，快乐着。

3. 学子风采：雅而越己

哈佛大学著名教授威廉·詹姆斯曾说：“生活中的成功，并非取决于我们与别人相比做得如何，而是取决于我们所做的与我们所能做到的相比如何。一个成功的人总是与他们自己竞赛，不断创造新的自我纪录，不断改善与提高。”超越，就是认识自我、挑战自我、战胜自我的过程。天外学子雅而越己的作为，尤见风采。

(1)克服恐惧的越己者

俗话说得好，不经历风雨，怎能见彩虹？克服内心的恐惧是超越，发现自己的问题，进而进行调整，也是一种超越。在天外，每名学生的进步都是对自己的一次超越。

2016 年 7 月 6 日，天外举行首届英语配音大赛，有这样一位超越了自己的小英雄：

自几周前，配音大赛进入总决赛的队伍名单确定后，大家就都对这别具一格的比赛期待不已。

在配音比赛过程中，选手们投入十二分的情感，为大家带来了一场视听盛宴。选手纯正的发音、流畅的口语让全场叹为观止，他们丰富的感情、特殊的技巧也令人耳目一新。不少人手拿稿子，激动地上下挥摆，恨不得把自己揉进电影里。没有背景音乐的选手，机智地自己拍手大笑，有些甚至模仿动物的叫声来制作音效。他们依据视频的内容控制音调，契合完美，相比于原声，更有自己的特色。配音作品《疯狂动物城》《阿甘正传》《头脑特工队》《冰雪奇缘》等，都是深受喜爱又发人深省的剧目，大家看得心满意足。

获得冠军的是为《飞屋环游记》配音的张璟玥同学，她用一口流利的英语和丰富的情感征服了全场。她模仿动物的叫声更是惟妙惟肖，赢得全场喝彩。

原本，张璟玥同学是一个内向的女孩，配音是她的爱好。一开始，她甚至不敢来参加比赛。参赛前，她一直不确定是否该报名，内心十分紧张和害怕。这时，她妈妈告诉她：尝试新的东西就会带来新的体会。最后，她鼓起勇气参加了比赛，并一举获得冠军。在尝试新事物之前，我们都会有许多的不确定、许多的迷茫，但只要愿意去尝试，就会获得全新的体验。

张璟玥同学克服了内心的恐惧，战胜了心中的小恶魔，最终破茧成蝶，获得了出乎意料的圆满结果。事实上，每个人身上都有优点，或许还没有被发现，或许还欠缺一点儿火候。此时，教师和家长要多给孩子一些肯定和鼓励，让他们自己去探索，去超越，这样他们才能真正长大。

(2)转弱为强的越己者

从小学升入初中，从初中再升入高中，学习科目的增多、学习难度的加大，让许多没来得及调整学习状态的学生措手不及。有些学生用对了方法，化弱势科目为强势科目，也有些学生从此一蹶不振。

李金东同学是前者，他凭借自己的努力，逐渐摆脱了学习的困境，最终收获了学习的快乐：

考天外的时候，我数学拿了93分，所以对初中数学的学习充满了信心，也放松了警惕。第一次数学测验，100分的数学试卷，我才拿了64分，心情跌到了谷底。妈妈也很紧张，问我要不要上补习班。我想了很久，反思了学习习惯，最终还是决定靠自己。

好在我遇上了欧阳语这位数学天才。阴差阳错的一次调换座位，让我们坐到了一起。数学作业的思维拓展和观察思考对于那时的我来说，难度很大。我不懂，就问他。他每次都很耐心地给我解释。在他的帮助之下，我一天天地进步。

我的转折点是竞赛班。我们班成立了数学专家组，本来是让数学能手去的，但有几个人不去。我当时很激动，高高地举起手："我去！我去！"

第一次，我以48分的成绩垫底，上了竞赛班的前30名。第二次，36分，倒数第二。我发现这样不行，我不能一直这样晃荡下去。于是，我更加努力地学习，找来初二的数学书自学，又买了很多书在寒假期间进行练习。

学不等式的时候，我害怕自己学不好，就提前进行预习，还请教了班上擅长不等式的同学。第二天的不等式导学案中，我前两题居然比欧阳语先做完！这是破天荒的第一次。从那时开始，我就成为班上为数不多的数学能手了。后来，我还以70分的成绩参加了"华罗庚金杯"少年数学邀请赛决赛。

如今，我已经上初二了。暑假时，我做了不少题，还专门用一个本子来总结做过的难题。现在，一般的难题，我都能自如地应付了。

上天给了我们傲骨，我们就要发挥出百般的傲气！

朱云志老师说："李金东的故事，反映了一个擅长思考的中学生是如何不断地从挫折中爬起，享受学习的快乐，探索学习的方法，最终修炼出学习能力的。"他的故事还验证了一个教育学理论：学习是一个主动的过程，每个人的经验世界是用我们自己的头脑创建的，所以，学习不是由教师把知识简单地传递给学生的过程，而是由学生自己建构知识的过程。学生不是简单被动地接收信息，而是主动地建构知识的意义，这种建构是无法由他人代替的。

在学习的过程中艰苦跋涉，用毅力与智慧开创一条属于自己的路，这本身就是一件极富创造性的事情。这种钻研精神、这些成功体验，是天外学子永远的财富。

(二)你我他，远见未来

天外人，除了有和雅谦逊的品格，也有卓越出众的才华。

天外的校园虽然不大，却可近赏珠江新城的人文，可远眺广州地标的胜景。

天外的历史虽然不长，却承载着每个学子的希望，放飞着每个学子的梦想。

天外的学子虽然不多，却展现出令人惊叹的特长，绽放出持续出彩的素养。

1. 学子特长：令人惊叹

《礼记·中庸》三十章有这样一句话："万物并育而不相害，道并行而不相悖……此天地之所以为大也。"在天外，每位不同个性的师生都能恰如其分、各得其所、各尽其性，整个校园和谐一体、安定井然。"乐者，和也。"这是影响中国文化数千年的思想，突出的正是中国文化的核心价值——和谐，这也是和雅教育的一个基点。为此，全面发展、多样才艺，是天外培养和雅学子必要的作为。

(1)音乐才子的梦想绽放

在中央电视台少儿频道，一个闪耀了10年的金牌音乐栏目《音乐快递》中，节目主持人任鲁豫评价他："自古英雄出少年！"著名艺术家滕矢初评价他："周杰伦也不过如此！"他，就是天外学子——梅占峰。

2015年10月8日，12岁的梅占峰背着酷炫的战斧合成器，带着自己作词的原创励志歌曲《向着太阳奔跑》及英文歌曲弹唱 *Price Tag*，自信地走上了梦想舞台，一展大方、自然、大气、不张扬的演唱，并最终从滕矢初老师手中接过了沉甸甸的“梦想小金人”。

2016 年，梅占峰参加了由广州市天河中央商务区管理委员会、广州市天河区文化广电新闻出版局、广东省流行音乐协会联合主办的第三届“声动·CBD”大赛。在广州市少年宫、广州市天河区教育局的大力支持下，这届比赛有上千名少儿歌手参加。在 9 月 23 日的总决赛赛场上，10 名小选手竞争非常激烈。经过 3 轮角逐，最终，梅占峰以一首温暖感人的原创歌曲《时光机》勇夺年度“小歌王”。2016 年，梅占峰的新专辑发布会在天外校园举行。2017 年，第四届“声动·CBD”启动，梅占峰作为少儿组的形象大使出席了大赛的启动仪式。

2017 年母亲节期间，梅占峰用歌声送上了对妈妈最暖心的祝福——《妈妈，谢谢你》。这首歌曲由梅占峰作词并演唱，他凭借该作品获得“年度最佳少年词作者”称号。

妈妈，谢谢你

三岁九个月的我开始学钢琴
如今八年过去依然没过十级
妈妈说“没关系”，过程才有意义
我们不当郎朗，只为完美自己兴趣

上学后同学们报读各种补习班
每个节假日都是在你追我赶
妈妈说“没关系”，你就做你自己
成绩不能够代替孩子的天性

我学习、运动、唱歌、弹琴
每一样都是兴趣不会偏心
球场上、舞台上都有我的身影
因为我知道身后有妈妈的鼓励

亲爱的妈妈，我要说声谢谢你
谢谢你的爱和你的“没关系”
今后的日子我会好好珍惜你
愿你永远快乐、青春美丽

妈妈，我要说声谢谢你
谢谢你的爱和你的“没关系”
今后的日子我会一生守护你
感谢你说的每一句“没关系”

梅占峰说：“我爱音乐，它有自己的旋律和情绪，它是会说话的声音，我要用正能量呼唤未知的将来。”从音乐中发展自己的优势，梅占峰绽放出自己的才艺，实现着自己的梦想，这也是天外众多学子成长的姿态。

(2)天外学子的多元发展

根据学生的兴趣和发展需求，天外独创“和雅学院”活动体系，开设商学院、科学院、模拟联合国等院系，假期组织学生到剑桥、牛津、哈佛等境外教学基地享受世界公民课程，增长见识，开阔眼界。

逐渐地，天外的社团活动也走上了课程化、专业化的发展道路。天外联系领域内专业机构指导社团活动，与名企联合开设汽车课程、摄影课程等，使学生的兴趣更专业、知识更丰富。

仅竞赛方面，天外就成绩斐然，学生得到了多元发展。科技创新方面：2016 年，天外有 2 名学生通过选拔，代表广东省(全省仅 4 名学生)参加由中国青年科技工作者协会和中央电视台举办的“中国青少年科学素质大会”广东省决赛；2016 年，天外有 1 名学生入选“广东省学生英才计划”，打破了该计划选拔的学生由省属、市属名校垄断的局面；在 2015 年、2016 年广州市“科技之星”特训营选拔中，天外高中部共 64 名学生入选，约占全市总人数的 1/4；天外学生参加“广州市青少年科技创新大赛”，多次获市区一、二、三等奖；在“2014 年广州市青少年科技创新精神和实践能力展示活动”总决赛中，天外有5名学生获得一等奖（占总人数的1/3），个人单项获奖占总人数的1/6，学校获优秀组织奖；在“2015年广州市青少年科技创新精神和实践能力展示活动”中，天外有12名学生获得一等奖，约占全市获奖人数的2/5；天外学生多次参加“DI创新思维大赛”“头脑奥林匹克创新思维大赛”，获得全国一等奖。学科方面：在“‘21世纪杯’全国中小学生英语演讲比赛”广东省决赛中，天外学生蝉联两届特等奖冠军，并作为广东省唯一的学生代表参加全国总决赛并获得三等奖；在第18届、第19届全国“华罗庚金杯”少年数学邀请赛中，天外学子均获奖，并居市外国语学校类第一；在2016年高中奥林匹克信息技术竞赛中，天外获广东省二等奖。国际理解方面：在英语十项全能比赛、模拟联合国等比赛中，天外学子均获得佳绩，表现出的“和而不同，雅而有致”的气质形象，外语跨文化交际与沟通能力，得到了极高的赞誉。

天外高三(5)班的董子婧同学，这样倾述自己所享受的天外：

天外是一个很有人情味儿的学校，她支持同学们全面发展。虽然大家的学业繁重，但她并不因此而压抑我们的兴趣爱好，老师们会引导我们从时间管理方面找到平衡。作为校学生会主席，我受邀参加广东省学生联合会会议，但会议时间与上课时间相冲突。起初，我有些犹豫，担心请两天假会耽误学习。这时候，老师便告诉我，课业固然重要，但是经历和体验同样宝贵，正如那句话：“你的气质里，有你读过的书和走过的路。”于是，我才放心地去参加会议。

在会上，我与来自省内各大高校的同学们交流、分享经验，欣赏了大学学长学姐们的诗朗诵，了解了广东省学生联合会的历史。通过这次会议，我深深体会到作为青年学生的责任与使命，我们是当代青年，因此，应加大步伐，大步向前，去跑，去跳，去闯！因为我们是青年，在心中发芽的种子，终会长成参天大树。这些宝贵的体验都源于学校的平台，源于智慧的老师，源于学校“和雅君子，世界公民”的办学理念。

天外滋养了许多像我这样的学生，让人人都有机会去做自己想做的事情。在这最美丽的少年时代，我很庆幸遇到了天外。如今，我即将迈入高三，迎来一段新的人生旅程，而在天外的所有经历将会激励我前进，给予我力量，陪伴我的一生。

2. 汉语素养：持续出彩

汉字是使用历史最悠久的文字，虽历经沧桑，却青春永驻。作为中华文化的重要载体，汉字承载着中华民族五千多年灿烂辉煌的历史文化，蕴藏着无限韵味。为了提升中小学生的汉字和汉语素养，加深学生对中华民族历史文化的认识和敬仰，我国每年都会举行汉字听写大会。

(1)天外的战绩

以外语为特色的天外，对学生中华传统文化素养的培养也从不懈怠，因为，走向世界的和雅君子，要深深扎根于本土文化，才会更有底蕴，更显风度。在一次次的汉字听写大会上，天外学子沉着冷静，书写了一个个既属于自己又属于天外的传奇。

2014 年 4 月 9 日，中国汉字听写大会广州市选拔赛进行到最后阶段，台上只剩下天外的 4 名选手进行“内部”角逐，天外以绝对优势获得决赛第一名，并包揽选手个人奖前三名。其中，初二(1)班单成之获得个人一等奖，初二(1)班张岱洁获得个人二等奖，初二(5)班梁晋豪和初一(1)班谭小雨获得个人三等奖。

在 2015 年中国汉字听写大会上，天外获得广州市特等奖、广东省第二名的优异成绩。其中，梁晋豪同学以一敌五，展示了天外学子扎实的语言功底和广博的知识面，赢得了全场喝彩。总裁判长华南师范大学文学院院长陈少华教授还称其为“真正的汉字英雄”。

2016 年 6 月 21 日，在“中国汉字听写大会”广州市总决赛上，天外再创佳绩，勇夺桂冠。天外学子宋笛秋、魏琳和梁晓雅成功斩获个人一等奖。2016 年 10 月，在广东省选拔赛中，天外获得二等奖的佳绩。2017 年，天外学子参加广州市汉字听写大赛，又获得第一名。

天外第一届汉字大赛

(2)学子的收获

比赛取得佳绩，是参赛者的愿望；而举办比赛的最终目的，还在于使参赛者以及观赛者有所收获。学生在成长与进步中所获得的难忘经验，更宝贵，更值得珍惜。

第一，学生评委的不易与收获。

为了选拔出优秀选手参赛，天外会预先在校内进行初赛，而初赛的评委，则由学生校队成员担任。当评委会比当选手更轻松吗？谭小雨同学作为学校初赛评委，有着深切的体会：

年级内的汉字听写大赛开始了，由于我是校队成员，便理所当然地被老师选为评委之一。尽管比赛内容我已极其谙熟，但当我坐在台下评判各班选手时，那答题板上的汉字突然顽皮地摇身一变，变得那样陌生，陌生到我根本无法判断正误——越是如此，我越是紧张，生怕错判了一个字叫人笑话。我拼命地深呼吸，从记忆中提取那些已经铭刻在脑海中的字词。尽管已经相当确信自己的判断，可当我举起手中代表着正确的牌子时，仍旧是百般地不自信，顿时，那牌子仿佛有千斤重，需要用全身的力气才能稳稳举起。

那场比赛，我并未判错一个词。比赛结束后，我感觉比选手还要疲惫；可是当我靠在阶梯教室的椅子上时，欣喜与愉悦如同阳光照耀下的潮汐一般，自我的心底慢慢地涌起，将我的心浸泡得既温暖又柔软。

第二，爱上汉字。

让参赛者从一个为比赛而努力学习汉字的孩子，变为一个因为喜欢而努力学习汉字的孩子，这或许才是汉字听写大会这种赛事最终想要达到的目的。“知之者不如好之者，好之者不如乐之者。”听从内心的声音，才能走得更远。我们仿佛能看见未来的汉字大师、国学大师、文化大师从天外的校园中，快乐而从容地走向世界，走向未来。

对我来说，在天外最大的变化就是变得懂事了许多，现在，我已经不会像以前一样动不动就激动起来了。同时，我也没那么腼腆了，现在与老师的交流也比以前更多、更主动了。

最主要的原因，可能是对汉字的理解加深了。初一一开始，我就想参加汉字听写大赛，当时没入选的我十分沮丧，于是奋发图强。在学年末的年级汉字听写大赛中，我拿到了全年级第一名。但我并没有特别激动，觉得也没什么大不了。

暑假时，我看了《汉字营英雄》，被那些汉字先生解释的汉字词意吸引了。他们不仅会介绍汉字的来历和道理，还会不断强调学好汉字的重要性，让我受益匪浅。从那时开始，我便真正爱上了汉字，不会像以前一样只是为了比赛而努力了。

——胡浩捷

第三，刻骨铭心的记忆。

青春，就是要恣意，就是要飞扬，就是要留下一段段属于自己的独一无二的记忆。对于从校队走向市级比赛，再走向省级比赛的天外学子而言，这样的一段记忆将伴随他们的一生，成为青春时光中最为辉煌闪耀的一笔。

学习之余，我乐于参加各种活动、比赛。印象最深的，大概就是这学期的汉字听写大赛了。

荣幸地，我被选入了校队。校队中8个人的心，从那一刻起，就紧紧连在了一起。

那一天，4月13日，学校突然通知我们比赛临近，需要开始集训。那一天，我们开启了这一段永远刻骨铭心的时光……

每天晚自习，我们都有90分钟的训练，有时需要更多时间；每周末上午、下午，甚至晚上的分分秒秒，我们除了在学校，还要在家里备战。那一张张练习纸、一沓沓复习资料，是辛苦，是充实，更是团队的战斗。

4月18日，区赛初赛完毕，怀着忐忑与激动的心情，我们等待了一个下午。最后终于得知，我们顺利闯进了决赛。那一刻，我心中的欣喜与感动简直快要溢出心田。这是我们团队共同努力的结果，是一个人无法造就的辉煌。

4月24日，期盼已久的区赛决赛开始了。老师对我寄予厚望，把我安排为淘汰制第一位上场的选手。坐在比赛的位置上，我心中万分紧张。就算场上十分嘈杂，我还是听见了自己剧烈的心跳声，指尖冰凉。

4月28日，我们过五关斩六将，终于闯进了市赛决赛。这对我们而言，已是十分了不起的成就了。但我们并没有止步于此，而是继续向前奔跑着、奋斗着。几轮过后，场上只剩下我和另一名其他学校的女生。当我们一起写错要下场的时候，我的心中虽有遗憾，却并没有许多惋惜与不舍，因为我听到了天外同学们令我感动不已的掌声。这，大概就是对我们的肯定吧。

后来，我们赢得了广州市的特等奖。所有人的脸上都洋溢着欢快的笑容。

这，是天外给我的荣誉与快乐。天外就像温暖的阳光一般照亮了我的心田。我对天外不仅仅是由衷的喜欢，更多的是满心的感激。我更加明白天外所说的“和雅”了。

以后还有很长的路要走，还有很多的故事要诉说。就让我们彼此陪伴，风雨与共，携手同行！

——初一(2)班 黄可欣

第四，艰苦卓绝的跋涉。

在追逐梦想的旅途中，充满了荆棘与挑战，如果半途而废，往往会遗憾终身。天外，是一所书写传奇的学校，是一所实现梦想的学校。天外的学子，在逐梦过程中，步步为营，勇往直前。

参加汉字听写大赛是一次艰苦卓绝的旅行，是一次在沙漠中的长途跋涉，处处是考验。在旅途中，有不安，有紧张，也有小确幸。

离区赛初赛只剩下屈指可数的5天了，老师发了一沓厚厚的资料。我很清楚，我的期中考、我的课程、我的周末，都没了。参加汉字听写大赛曾是我梦寐以求的事情，但此时此刻我竟想逃离舍弃。

两天的晚自习被不断地复习、听写、改错消耗殆尽。十一点多我才做完作业，躺在床上，感觉当年的梦想有点儿难以为继。然而，我又想起“不忘初心，方得始终”这句话，想起老师们对我寄予的厚望，想起同学们的满脸羡慕。也许，他们也对我寄予厚望，希望能因我而自豪，希望我能完成他们无法做到的事情……于是，我又找回了对汉字听写大赛的热爱。

区赛初赛是我们“小试牛刀”的第一次检验，难度与我想象的完全不同。台上主持人的话像外星语一样，我什么也听不懂。极度紧张的大脑似乎停止了运行，我只能蒙一下，猜一下，在草稿纸上写个大概，就照抄了上去。我想，我就要成仓颉了吧。我会是那个拖后腿的人吗？紧张兮兮地握着笔，我想写出几个字，哪怕似是而非也好。

比赛结束后，我竟写出了其他人都没写出的两个词。“虽然是猜的，但猜得很有水平啊！”听到这样“似夸非夸”的赞赏，我笑了。

市赛的初赛和决赛都在同一个下午举行。上午，我十分投机地翻了下字典。下午的初赛一如既往的难，我也一如既往的懵，但我已经有了蒙对的底气。到最后一个词的时候，我战栗了一下。这不就是上午翻到的词吗？我内心一阵狂喜，还忍不住窃笑起来。哈！真是上天保佑！我飞快地写下答案，一脸得意。

决赛时，我又开始紧张了，还紧张得厉害。坐在答题的椅子上，感觉连空气都像有千钧之重。我低着头，紧盯着平板电脑，不敢看老师，不敢看同学，不敢看主持人。我咽了咽口水，舒一口气，调整了一下坐姿，对自己说："不必担心，会走运的。"这时，主持人说了一个词。我又舒了口气，我知道这个词，于是很有把握地提起笔等待田字格的出现，一副胸有成竹的样子。我果然答对了。接下来，我再没有抖过，直到最后我们顺利夺冠，才激动得有点儿发抖。

这一个月的努力，终究没有白费。老师说省赛下学期开始，我又舒了一口气，心想可以休息一阵子了。到达绿洲，不代表我们放弃征服沙漠的旅程。沙地上前人的脚印提醒我们还没创造新的纪录。我们怀有足够的自信，也认识了自己的能力。既然选择远方，便风雨兼程。

——初一(3)班　赖运阳

在汉字听写大赛上，天外学子展示着自己深厚的文化素养。作为一所新创办的学校，在生源并非最为优质的情况下，却能一举拿下广州市第一名。在校内，为了让更多的学生深入感受汉字的魅力，天外自建校之初就开设了书法课。每周二、周四是硬笔书法的上课时间。天外还多次邀请著名书法教育专家、"全国书法教育十大名师"胡一帆教授等为天外全体师生开办书法指导讲座。此外，天外还举办了规范汉字书写大赛等活动。这些活动，增强了学生们对汉字的书写兴趣，丰富了他们的课余生活，也给喜欢书法的同学提供了一个展示才华的平台。

在第八届广州市中小学规范汉字书写大赛中，天外学子赵淑晶、邓之聿获得"中学硬笔组"特等奖。《现代中小学生报》"明日之星"第3686期A1版《写字有乾坤　硬笔可生花》中，报道了他们学习书法的故事。

邓之聿书法作品

从对爱好的坚持到对汉字的执迷，从听写大赛到书法艺术，天外学子涉猎广泛，追求卓越。青春，洋溢着热情。梦想，在心中扬帆起航；而撑起那远航之帆的，正是天外。她守护每一个学生的梦想，发掘每一个学生的天赋，为他们的个性发展与健康成长保驾护航。

二、亲近世界的学子故事

(一)你我他，在世界中

中国古语有言：读万卷书，行万里路。天外以“和雅君子，世界公民”为办学理念，就是要引领学子能够融贯古今，夯实中华民族的文化底蕴，做和雅的君子；更能够中西兼容，广纳世界各国的积极文化，做世界的公民。而天外国际理解教育课程的创设，就是要让每一个天外学子快乐地徜徉于世界之中。

天外的国际理解教育课程，以外语课程为主体，以特色活动和国际交流为两翼，以世界公民课程为载体，注重学生文化包容度和国际理解力的培养，使其形成国际视野并通晓国际规则。随着世界公民课程的开发与实施，天外学子的文明素养和文化包容精神得到了很好的培养，他们也能够更好地认识和传承本土文化与历史传统，同时树立良好的思想道德品质、健全人格养成，真正成长为和雅君子，成长为世界公民。

在国际知名大学城内，天外设有世界公民课程基地。每年暑假，天外都会组织学生前往英国剑桥大学、牛津大学，美国哈佛大学等国外学习基地，进行为期 2～3 周的语言学习与文化交流。

学生们在国外教育基地学习、生活、旅行，与来自世界不同国家的学生交友……感受中西教育的不同，收获友谊，收获成长。天外还专门开设了世界公民课程的博客，学生和领队在其中分享了许许多多的游学小故事。

1. 英国剑桥基地

(1)学生的学习体会

世界公民课程中的学生，会将每天的感悟用日记的形式记录下来，并上传至博客中，通常是将手写稿拍摄下来再上传，家长们可以通过博客内容了解孩子们远在千里之外的生活状况。

在这里仅仅一个星期的学习生活，总结起来就是：快乐、提升、交流。

这里有来自各国的学生。刚来时，和我们同班的有西班牙学生和哈萨克斯坦学生，后来西班牙学生离开了，和我们一起学习的就只有哈萨克斯坦学生了。对于我这样第一次踏出国门的“井底之蛙”，和外国人交流的机会很少。和国际友人在同一间教室学习，是很难得的机会。第一天令我印象深刻，我们玩儿角色扮演的游戏。在交流的过程中，我总会遇到听不懂的尴尬情况；但后来习惯了，也开始和同伴交流起来。交流时，首先自己要主动大胆地说。

还有就是能力的提升。第一次上 Lola 的课，脑子里乱哄哄的一团麻。一大堆新词，飞一般的进度，让我连喘气的机会都没有。那天晚上一回到家，我就和室友开始疯狂地复习词汇，生怕掉队。这一个星期，我们背了不少单词。最后两天，我们还接触了一下雅思作文。生活无处没有挑战，第一节课，我听得似懂非懂，当晚老师布置了一篇作文，自己多消化了一下，觉得好了很多。有挑战才有超越，才有进步。这一周，我接受了挺多挑战，有很多新的尝试。

——郭咏文

(2)11 岁的英国老师

除了每天写日记之外，学生们也会制作一些视频。2013 年，天外的四位小姑娘曾蔚琳、张岱洁、张子欣、韩童谣，请来寄宿家庭的孩子给她们上课，并将上课过程拍成视频传至网上。主要负责上课的是 11 岁的小老师 Christy。天外学生与 Christy 的年纪相仿，Christy 俨然一副老师的模样，大家学得很认真也很开心。

在看过视频之后，家长们纷纷在博客上留言：

这位有趣的 11 岁小老师 Christy 好有老师风范！这四位天外小姑娘好幸运！寄宿家庭给了孩子们体验英国日常生活、民俗风情和英语交流的机会。年龄相仿的三位英国小朋友很友善、热情和健谈，与小姑娘们玩儿在一起，小姑娘们获得了课堂之外的惊喜收获！感谢所有带队的老师们！

这次国外学习，小姑娘们收获良多。她们遇到了一个好的寄宿家庭，小主人还为她们上了生动的课，真幸运！

天外注重学生的英语口语，从视频中来看，四位小姑娘的英语口语十分流利，与英国寄宿家庭的孩子们沟通十分顺畅。

(3)领队教师的纪实

一路走来，无论是在求学途中、旅行路上，天外的学生给了领队教师太多的惊喜与感动。在行程中，有些场景恍如夜空中的繁星闪烁，熠熠生辉，点滴之处恰恰折射出他们举手投足间的和雅品质，如印刻在领队教师的心中一样，美妙、深刻、隽永……

2013 年，刘娟老师做领队时，就将她的感触记录下来，并冠之以

“世界公民语录”之衔。

世界公民语录一：天下没有免费的午餐。

在剑桥地区学院(Cambridge Regional College，CRC)第一天用餐时，食堂工作人员对学生们说，午餐直接拿走，不收钱。难道天下真有免费的午餐？在剑桥，学生们的餐饮由寄宿家庭提供，寄宿家庭的主人提前打包好，再由学生们带到学校来。

学生们把现金给工作人员，可他们坚持不收，于是学生们把这一情况告诉了我。我协调后发现，原来餐厅的工作人员把我们的学生当成另一个来自中国的团了，在他们看来，中国孩子都长得一样。

午餐不是免费的，但我们已经吃完了，怎么办？这时，学生们有序地到收银台付钱。虽然此时是就餐高峰期，学生人数众多，如果吃完就离开，也没人管，但我们的学生仍然坚持把这份午餐费付清。看着他们排队的身影，这一幕深深地印烙在我的心中。

世界公民语录二：恢复原状。

在剑桥，我们除了学习、体验文化，也少不了体育项目。周五下午，我们来到剑桥最大的保龄球馆。两小时的运动很快就结束了，学生们很尽兴。离开的时候，李梓粤、何翀、马仁睿……自发地收拾起其他同学留下的纸杯。就在这时，送球器的一只保龄球掉了下来，这一掉，让学生们意识到，这些保龄球本应该在球道旁的架子上。于是，学生们立刻把 10 条球道上的保龄球全部放回原位。最后的 5 分钟，学生们留下了脚步和汗水，同时也收获了尊重与赞许。

世界公民语录三：勤俭节约。

行程将近大半时，出于好奇，我随机地问了问几名学生的开销。因为我记得另一个团的一名领队说，她带了一个学生，不到 3 天就把带来的 500 磅全花完了。与学生们交谈后，结果让我很满意。王淦跟我说，他用了不到 20 磅，还有别的同学用了不到 10 磅，也就相当于 100 元人民币不到。在这里，买一瓶可乐都要 1～2 磅，很难想象这群“抠门”的小大人是怎么规划的。

平时，寄宿家庭准备的午餐十分俭朴，且单调重复，但很多学生都会吃掉，因为他们觉得把食物丢掉太浪费、不环保，而且学生还觉得没必要增加一项开销，能省则省。为了解馋，李祯和王羽曦在寄宿家庭的允许下，张罗着做了顿美味的晚餐，享受自制的佳肴。事后，李祯告诉我，终于明白老妈平时有多辛苦了。我想，在今后的成长道路上，她们肯定会珍惜食物，珍惜家人的辛勤劳动。

世界公民语录四：虽然买不到，但是我尊重你。

游戏光盘是男生的最爱，是他们的必买物品之一。出国前，他们还做过功课，读了大量的英文材料(百度上没找到相关中文信息)。一天，几名高个子男生，假装自己是高中生，结伴前往游戏店，说要买高级版的游戏光盘。店家很严肃地告诉他们，这个版本必须满 16 周岁才可购买，他们只能买儿童版的。第一次，碰壁而归。第二次，男生前往另一家游戏店，这次说是给年满 16 岁的哥哥买的，合情合理，但店家非常严肃地指着一张法令，告诉他们："You are permitted to buy this disk.(你们只被允许买这种光盘。)"法外不过人情，没想到商家如此铁面无私。

当孩子们和我讲述这些经历时，他们没有对店家不满或愤怒，有的是尊重。因为他们已经明白，不适合他们的，再好玩儿，也要等到长大的那一天。而这些天碰的钉子，也告诉了他们，要保护正版、尊重知识产权，虚幻的游戏世界同样受着现实社会中法律的约束。

在一个陌生的环境中，在异国他乡，学生们的素养一一彰显，言行和雅，这是学校教育所要达到的愿景之一。看到学生们的表现，天外的每一个人都无比欣慰。

世界公民语录未完，待续，等待一届又一届的天外学子来续写。

2. 英国牛津基地

每名学生身上都蕴藏着无限的潜力，在纯英文的环境下，学生们的潜力被激发出来。在有限的时间内，让学生学习更多的英语，提升英语水平，是天外世界公民课程的基本目的之一。

(1)学生的进步

曾在英国学习生活多年的王老师，非常了解地道英语的运用。王老师有意识地培养学生在各个角落实际运用英语，并结合学生已有的认知水平，通过纯英语环境提供的资源，使用发现式英语教学思路和模式，培养和提升学生的发现学习能力。王老师每天都会设置一些问题或环节，提起学生的兴趣，鼓励他们发现身边的英语。

到牛津一个星期后，学生不论是在生活方面，还是在学习方面，都学会了捕获身边的知识，独立去思考、学习，自行发现知识，不断自我完善。

黄若静同学从英国回来，发现自己生活更独立了，爸妈不在家的时候，也能把自己弄得很安适。还有一个很可喜的变化，就是她敢于主动与人沟通了。这个变化得益于在国外迷路的经历，从那之后她就变得更能主动与人说话了。“心里一直想着，我连在外国都敢问路，与中国人说话怕什么呢?”

在课堂上，我喜欢和国际生交流，一起讨论老师给出的问题。在课间休息的时候，我也和国际生交流，聊聊自己的国家、喜好、游戏等。我们交流得很融洽，而我也有一点儿激动，因为这是我第一次和国际友人交流这么长时间。我在交流过程中也遇到过想表达却不知道怎么说的句子，但我会运用英文解释或肢体语言向她们说明，她们也能领会我的意思。我感觉我的英语口语在进步，我还会继续加油的。

——陈乔瑞

与外国人的交流其实很简单，总结起来也就六个字：自信、大方、勇敢。在一次次交流中增进友谊，学习英语，一举两得。在快乐中学习，在学习中快乐，何乐而不为呢？我们是从总是躲在别人背后嗫嚅的女孩，一步步成长，成为敢于与别人交谈的人，其中的益处不可言喻。

——牛伊宁、万怡玲

2014年7月28日，学生们在经历了两周学习之后，迎来了结业礼。天外的陈淇琛、左淳升和宋天惠分别获得牛津布鲁克斯大学(Oxford Brookes University)颁发的学习进步奖。这个奖项是颁发给每班表现最优秀的一名学员的，在6个不同的班级中分别有来自中国的天外和意大利、西班牙、俄罗斯、克罗地亚等国家的学生，而获奖的6名优秀学员中天外占了3名。

(2)中外课堂对比

感受异国文化和教育氛围，将国内外教育进行比较和反思，是学生们在世界公民课程中的收获之一。

今天是来到牛津大本营的第11天，大家已经能完全适应在英国的学习和生活了，和同班的外国朋友也能很融洽地相处交流了，这种变化趋势是令人激动的。

我经过数天以来的观察，发现外国的课堂有一些有趣的特点：首先是课堂的教材设备。教室内的电子设备非常齐全，电子白板、投影仪、扫描仪等设备应有尽有，书本、练习册、彩笔等工具也都配备齐全，学生上课唯一要带的就是眼睛和耳朵，比中国的课堂要便捷轻松得多。其次是教学特点。在中国，教师讲课通常会用PPT、导学案等工具，而英国教师却极少用到这些，甚至连电脑等电子设备都不常用。他们更喜欢以口头讲述的方式上课，提倡学生们开口说话，而不是埋头苦学，这和中国的上课模式形成鲜明对比。

——李明臻

在国外上课果然与在中国有很大的不同。

天外采用国外课堂的布局，学生以小组为单位就座，但外国学校比中国学校要多很多小组讨论、小组合作，以此拉近组员间的距离。上课时，外国教师不像中国教师一样只讲课文，更多是课外的拓展延伸，从一个话题切入上课内容，夹叙夹议讲完上课内容后又谈到另一个话题；或者进行“do something creative(做一些创造性的事)”的活动，在这个活动中，我们或是做与上课内容有关的课题、手工，或是谈论一个话题。今天，老师就让我们自己“创造”一个机器；第二节课，让我们谈论“街头艺术家作的画是涂鸦还是破坏行为”，像是一场小型辩论会，每个人持不同的观点，让我们的思维得到充分开发。

努力学习当然很重要，但更多的是要能勇敢地表达自己的意见，创新自己的思维，否则，就只会变成一个书呆子。

——潘星宇

在英国学习了近一周后，我收获了与国内学习不一样的东西。

英国的学习比中国轻松。课程开始时间晚，中间休息多，作业也少，课堂气氛比较活跃。中国的上课时间较长，作业更多一些。在英国，老师依据学生的不同水平分班，中国则是随机分班，这可能与教育风格或理念有关吧。

英国课堂以交流、展示、创造为重，中国则更多地倾向于问题与答案。在课堂上，英国老师有时会让学生两两合作，或随机分组，更注重让学生了解彼此。中国老师一般都会安排固定的小组，谈论的部分也差不多是课堂发问，很少有闲谈一样的谈论。

另外，英国课堂上的小练习，老师很少挨个提问或检查，更多的时间用于回答学生的问题或不解之处，这或许也是师生间的一种默契或信任吧。课下，老师会安排一些趣味性活动，有迪斯科晚会、舞蹈课程、电影等，中国则更多地倾向于体育锻炼。

总的来说，英国更偏向于感性方面，中国更偏向于理性方面，各有各的不同。

——蔡欣桐

在国外上课学习，是一种感受，一种人生体验。这样的活动为学生增添了些许生活磨炼，提高了学生的独立自主能力，为他们的人生旅途增添了一笔无形的财富。学生看待问题的角度可能不够深入，但这种思考的能力、对比的意识，将对他们的思维产生影响，对他们人生观的养成大有裨益。

3. 美国哈佛基地

让学生亲临国外名校，与当地学校的学生一起上课，感受大学的氛围，能增加他们对大学生活的憧憬。在美国哈佛基地，天外学子重点体验了美国的文化、不同的人物风情，增长了阅历和见识，也为自己将来的人生规划提供了更清晰的借鉴。

早晨去了加州大学伯克利分校。美国大学就像公园一样，没有围墙，没有保安，到处都是阳光、草地、大树、花丛。公立大学基本对外开放，我觉得这也是美国人开朗、信任他人性格的体现。

在渔人码头，我们坐船进行了游览，也对岛上一些建筑有了了解。最让我印象深刻的，是一个叫“天使岛”的地方。这里曾经关押着一些想要移民却得不到允许的华人，他们过着像囚徒一样的生活。但今天，旧金山是一个大华人聚集地，许多华人在这里崭露头角，旧金山也见证了华人地位的变迁。

最后，我们乘车经过了硅谷的许多著名企业总部，像谷歌、微软这样的大公司并没有高楼大厦或戒备森严的大门，这再一次让我们体会到：实力雄厚与否与外表无关。

今天的游览很过瘾，希望从明天开始的寄宿生活能让我们学到更多。

——曾玥

我发现在美国买东西时收银员的态度和中国收银员的不甚相同：中国收银员动作很迅速，但语气始终淡淡的；而美国收银员出于数学不好，在顾客面前把钱一张张数清，却给人以亲切感，收完钱总会说一句：“Have a nice day!”

归途中经过两个红绿灯，巧的是都有一辆车在路口，但司机看到我，都打着手势让我先过，虽说是很平常的事，但在这异国他乡，我的心里还是涌上一股暖流。美利坚这样的科技大国，却以其独特的热情与豪爽，包容了一位异国少女初次到访的忐忑与紧张。

——韦盈盈

住在波士顿大学，上课在哈佛大学，下午又来到麻省理工学院这个莘莘学子梦寐以求的校园，心里有一种说不出的异样。这里的学生，无一不是世界各国的尖子，此时就站在我们身边，我不知该说幸运还是崇敬。

麻省理工学院，作为最高大上的理科大学，我自然要见识一下它的科技范儿啦。我们来到机器人博物馆，所有的机器人都由这儿的学生设计制作，无一不是精品。看起来简单近乎简陋的外观下，却有着不可思议的能力。推不倒的独腿机器人、能翻筋斗的平衡机器人、能潜水的人形机器人……各式各样，在这里，所有的异想天开都将美梦成真。

尽管参观得十分匆忙，但是却淡化了以往对其瞻仰的态度，而蒙上了一层梦幻般的迷雾。它见证了那么多不可思议的事情的发生，谁知道下一刻奇迹会不会就发生在眼前呢？或许不能叫奇迹，因为这里创造了太多奇迹，以至于人们认为这些奇迹是伟大的麻省理工学院本来就该有的。

噢，它这么神秘，我要考进去看看。

——何翀

(二)你我他，闯天地间

在世界舞台上，中国发挥着越来越多的作用。为迎接国际化的挑战，中国青年也应做好充分的准备。了解社会才能思考社会，了解世界才能思考世界。天外鼓励学生参与各种国际性比赛，让学生在比赛中得到锻炼，学会从不同角度进行思考，创新思维模式，进而能够在天地之间自信地闯荡。

1. DI 创新思维大赛

DI 创新思维大赛是一项国际性的培养青少年创造力的活动，它关注的是创新、创意问题解决和团队合作的过程，给参赛者提供了一个广阔的想象和创造的空间。每年 5 月，在 DI 创新思维协会总部——美国新泽西州，都会举办 DI 创新思维大赛全球总决赛。

与传统意义上的比赛不同，其参赛题目没有统一固定的答案，只是设置一个“目的地”。在教师和家长的引导下，参赛者自主设计活动方案、情节，制作工具，通过团队合作到达目的地。

DI 创新思维大赛要求学生为目的地搜集相关的社会科学、自然知识，自己动手制作各种装置，用废旧物品制作道具、服装等，最后，还要根据比赛内容排出一个小品进行展示。在比赛过程中，它考察的是参赛者的发散性创意思维能力、即时应变能力、知识应用能力、时间管理能力、成本控制能力，以及团队合作能力。

(1)天外的战绩

充满创造力和快乐性的 DI 创新思维活动，像一股清新的风吹遍全国各地的学校，也吹进了天外的校园中。从 2012 年建校开始，天外就积极参加 DI 创新思维大赛。

2012 年 1 月，天外派出 2 支代表队，参加第六届“广东省 DI 创新思维大赛”，分别获得一等奖、二等奖，学校也由此获得优秀组织奖。12 月 7 日，在山东滕州举行的全国赛中，这两支队伍力压群雄，分别获得初中 D 组全国一等奖(全国仅 2 名)和 C 组三等奖，其中“造梦团”队还获得了美国总部举办的 DI 创新思维大赛全球总决赛的入场券。

2013 年 11 月，在第七届“广东省 DI 创新思维大赛”中，天外的 3 支代表队，分别获得两个一等奖、一个二等奖和文艺复兴奖。12 月 6 日，亚太区 DI 创新思维大赛在北京举行，天外的两支代表队均获得二等奖。其中，李祯同学、万如峰同学，以优秀的成绩及综合素质获得 DI 创新思维全面发展奖学金(共 10 个名额)。在这一年新设的“美国《国家地理》特别挑战”项目中，天外代表队在 7 支国外队伍和 33 支国内队伍中脱颖而出，获得全场唯一的“美国《国家地理》挑战特别奖项——达芬奇奖”。

2015 年 11 月，天外第四次参赛，3 支代表队全部晋级 12 月份的亚太地区北京邀请赛。在接下来的中国区总决赛中，“头脑特工”队获得初中组 D 题全国一等奖(全国仅 3 名)和特别极限挑战全国三等奖，并成功晋级在美国举行的DI创新思维大赛全球总决赛。其他两支队伍获得全国三等奖。

2016年6月14日，在DI模范学校夏季培训会议上，天外被DI中国区授予“DI模范学校”，成为广东省第一批被授予该称号的学校。这些成绩，是对天外创新思维课程最好的回馈。但令天外人最开心的，还是看到学生们在课程和比赛中的收获。

(2)学子的感悟

在2016年广东省创意机器人大赛天河区区赛中，苏育鑫同学、李金东同学荣获高中组一等奖，刘胤希同学、蓝园同学、黄剑乔同学、黄浩钏同学荣获初中组一等奖。指导教师何鸿燕也因此荣获高中组优秀指导教师称号。

参加各种富有挑战的比赛，天外学子不仅获奖连连，而且感悟多多。

天外鼓励学生大胆走出校门，积极参与社会活动和实践，展示自己的才华。2015年年底，我和5个小伙伴组队报名参加了DI创新思维大赛。我们花了半个学期的课余时间，设计方案和情节，制作道具，反复的训练让我们懂得了什么叫团队精神，就是要将个人的能力，快速转变成为团队“新、奇、特”的合力。功夫不负有心人，我们从区赛、市赛到省赛，一路高歌，终于打进中国区总决赛，最终荣获一等奖，获得代表中国区参加全球总决赛的资格。

——杨思远

通过努力，在广东省省赛中，我们拿到了一等奖和达芬奇奖，获得了通往北京参加全国赛的机会。在北京，我们面对众多强劲的参赛队伍，靠着老师的指导和团队的实战能力，一路过关斩将，再次获得了一等奖。我们用天外人的创新思维和能力，再次叩开了DI创新思维大赛全球总决赛的大门。

通过这样的比赛，我们为学校争光，让天外这个名字更加响亮。同时，在比赛中，我们得到了锻炼，学会了与他人沟通、协作，学会了各种实用的技巧，学会了独特的高效思维方式和创造性处理问题的能力……

正是因为学校重视素质教育，才能让我们在大多数人中大放异彩，才能让我们学到更多别人学不到的东西。

——刁冠东

天外，这所坐落在珠江新城的新学校，不仅用优异的成绩打响品牌，也注重学生全面素质的培养，注重持续提升学生的科技创新能力，让他们拥有良好的公民素质，具备开阔的视野、真正的创新思维、卓越的创造能力。

2. 模拟联合国

模拟联合国(Model United Nations，MUN)，简称模联，是一项对联合国大会和其他多边机构的仿真学术模拟，是一种专为青年人组织的公民教育活动。

联合国原秘书长科菲·安南在一封致模联大会的贺信中说："联合国依靠世界上每个人的努力而存在，尤其是像你们这样的青年。这个世纪，不久就会是你们的。"当今的年轻人是未来决策的制定者。模联就是这样一个活动，让青年人的领袖才能得到锻炼。

模联活动源自美国，风靡全世界。自 2001 年以来，模联走入中国并迅速发展，成为备受许多大学生和高中生欢迎的活动。

在活动中，青年学生们扮演不同国家的外交代表，在主席团的主持之下，通过演讲来阐述观点，为了"国家利益"辩论、磋商和游说。没有调查，就没有发言权。为了最大限度地争取"国家利益"，代表们需要在赛前进行大量且深度的背景资料搜集，会场上需要书写大量文件、听取发言、阐述观点。这些都对学生的语言和写作水平提出了很高的要求。

(1)天外模联的发展

第一，崭露头角。

2016 年 12 月 16～18 日，天外模联派出 5 名代表，参加 2016 年广东省模联大会，经历了为期 3 天 5 场会议的激烈磋商、讨论。在 300 余名来自广东省各地优秀代表的激烈角逐中，天外有1人获得二等奖(一、二、三等奖总获奖人数15人)，2人获得杰出代表称号(总获奖人数14人)，天外代表队也因此获得最佳团队奖(总获奖队伍数2支)。

在2017年广东省中学生模联大会中，天外代表队12人全部晋级复赛，既有中文组，又有英文组。天外的模联社虽然成立时间不久，但模联社成员的知识水平、逻辑思维、中英文表达能力、自学和合作能力都得到了组委会的高度评价与肯定。

第二，博取众长。

除了加强校内模联社成员之间的沟通交流之外，天外也注重吸收外来经验。一方面，天外邀请中山大学模联主席及骨干来与学生们分享、交流经验。另一方面，天外积极组织成员参加广州市广雅中学、广州市第六中学、广州市第二中学等学校举办的模联会议，在实战中提升学生的参会能力、拓展知识水平，同时学习兄弟学校的模联经验，兼收并蓄。

第三，创新模联。

天外模联在成立半年后，2017年5月1日，以“模联带来蜕变　让世界听见你的声音”为主题，举办了第一届“和雅天际”Skyline模拟联合国校内会。这是天外模联第一次自主筹办校内模联会议，并吸引了全校初高中80多名学生，还有广州市广雅中学、广州市第六中学等校外学生参与，打破了校门藩篱。

这次会议分三个会场：联合国安全理事会的叙利亚危机会议、联合国人权理事会的青少年性别平等会议、联合国历史委员会的1991年马德里中东和会。参会代表经过整整一天、三个会期的学术争辩，最终每个会场商讨并通过一份决议草案。

会议的精密筹备均由高一模联社学生完成。从背景文件的撰写，到会议流程的安排、方案撰写、物资准备、人员落实等，模联成员通力合作、集思广益、高效执行。在这次不简单的活动中，学生们真正体验了模联活动，用国际眼光来思考问题、讨论问题，展现个人能力，培养团队精神，同时也提高谈判技巧和外语表达能力。

(2)模联主席的感悟

一个新生的社团，诞生在一所新学校，带着全新的理念。天外模联社自2016年10月创立以来，一路摸索，一路前行。2017年5月，天外第一次举办校内模联会期间，社员和教师们一直精心准备着，克服着各种“第一次”特有的艰辛，付出了无数的心血。

作为模联主席，在“和雅天际”Skyline模拟联合国校内会的闭幕式上，吴正熙同学感慨万千：

我第一次接触模联，是初三暑假时在华盛顿。第一次坐在圆桌会议室，听着来自美国、英国、哥斯达黎加和墨西哥的代表们慷慨陈词，看着他们激烈争论巴以和平，莫名地有些感动，仿佛自己站在世界的中央，全世界的目光就聚焦在那里，全世界都在倾听我们的声音。是什么如此打动我？是自由民主的魅力，是平等包容的政治文化，抑或是模联活动本身？我不知道，或许都有吧。从那以后，我又有幸屡次和模联打交道，最终成为天外Skyline模联的理事长，也算是一种缘分吧。通过自身的经历，我确信，模联活动是一项能充分提升公民社会责任感和综合能力的活动。

今天，看到代表们在电脑前推敲文件的内容和措辞，在会场上慷慨陈词，传播着对平等、自由与和平的热爱，在合作或冲突中流露出对人类普世价值的坚定信仰和对捍卫人类尊严的执着，我热血沸腾。《少年中国说》中提到：少年强，则国强。谁是少年？我们就是少年！看看在座的各位代表，中国的未来在何方，便可以略知一二。

政治绝不是少数精英的游戏。它必须是一个生态，这个生态由多物种组成。物种越丰富，生态越健康。参与的人越多，就越能做到共荣共存、相互依赖。若没有公民思考和辩论公共事务并承担责任，民主将无从谈起。我们的民主走向何方，取决于每一个公民，每一个关注时事并乐于思考和辩论的公民；每一个站起来对抗不公或不平等的公民；每一个反对教条、支持理性和批判性思考的公民；每一个反对专制独裁、支持民主的公民。独裁者、贪污腐败者和玩弄权术者，或许热切地希望我们都是对社会和政治毫不关心的人，这样，他们就有机会撺掇人民主权，肆意破坏民主。但我们用实际行动证明，我们不是。

在座的各位将来都将是社会的栋梁。愿各位不要忘记，2017 年 5 月 1 日的这一天给我们带来的宝贵财富：这是一种信念——真诚和才华定能改变世界。我们相信，这个时代、这个世界，能变得越来越好。或许这只是理想主义，但今天，就让我们都成为乐观主义者，相信吧，美好的一切都将通过我们的努力实现！

社会问题远比学校面临的问题更复杂，这要求学生们去分析、去质疑、去培养对复杂问题的思考和判断能力，这是了解政治、了解世界，参与模联活动的精髓。青少年渴望拥有话语权，对参与国际重大事件具有强烈的兴趣，模联和各项时事竞赛正是让学生展示自我的平台。它们使学生学以致用，打破学科边界，对知识进行融会贯通，深入思考课本上一笔带过的事件，对深度理解知识，锻炼学生的组织能力、团队协作能力等，有着课堂无法替代的作用。

3. 时事政策学习

一直以来，天外注重在课堂上和课外活动中对学生进行时事教育，除了让学生每晚收看《新闻联播》节目之外，还根据不同年级学生的知识水平和探索能力，相继举办了时事开讲、政治小论文比赛、模拟听证会、时事手抄报等活动。自 2012 年创办以来，在广州市中学生论文比赛、广州市法律知识竞赛中，天外都取得了一等奖的优异成绩。

2016 年 4 月 9 日，在广州市中学生时事政策学习竞赛中，全市有初中 311 支、高中 111 支，共计 422 支代表队参加该项活动。天外的初、高中代表队均荣获全市一等奖。其中，初中组勇夺一等奖第一名，高中组荣获一等奖第五名。在 3368 名学生中，天外有 5 人的个人成绩进入全市前十名。初中组的黄润林、孙明逸 2 人荣获全市第四名，林彦荣获全市第十名；高中组的朱海莹荣获全市第八名，朱素其荣获全市第十名。

2016 年时事政策学习与评价活动天外代表队

“和雅君子　世界公民”，这八个字的办学理念，就是天外的全部秘密。你听，天外人的心声又在回旋——

♩= 76

1=C $\frac{4}{4}$

天外天

广州天河外国语学校校歌

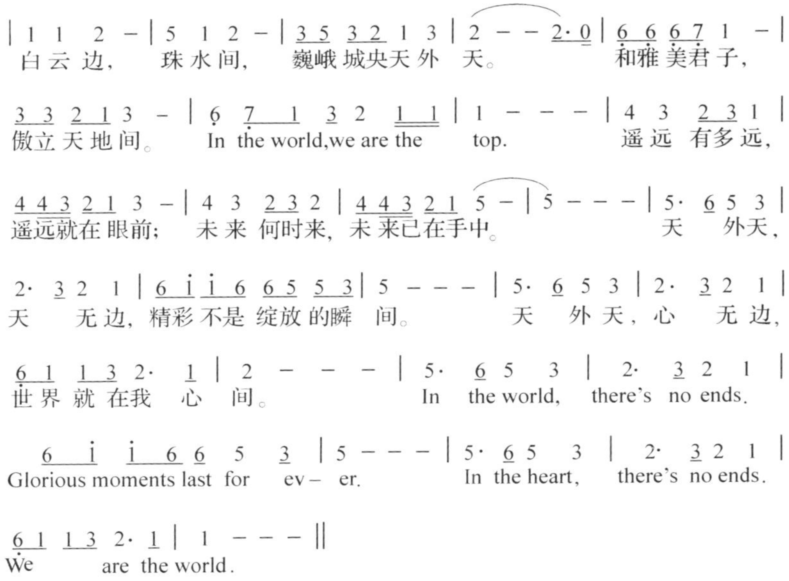

这正是：乐为君子，和而不凡；亲近世界，雅而越己。
历史很短，但天外有高远的教育理想。
学子年轻，但天外有引领世界的志向。
在典雅的天外校园中，天天可见和雅君子。
在心远的天外历程中，人人皆做世界公民。
高唱“和雅”，天外人一步步迈向未来……

后记

HOUJI

传唱《天外天》

一个人要在流动中实现自己的个人价值，不断地让自己增值。2012年，对于刚步入知天命之年的我而言，是人生中又一个极富意义的年份。在这一年里，我和天外开启了一段非凡之旅，伴随着这所新校的诞生，我的人生也进入了一个崭新阶段。

创业维艰，任何一个新事物的产生，都必然伴随着初生时的阵痛。初创这所学校的种种艰辛，至今历历在目。这份难得的经历，成为我生命中最珍贵的回忆与财富。悄然间，6 年时间已过，天外因其得天独厚的优势以及高屋建瓴的架构，从最开始的幼苗，成长为让人瞩目的少年。这是外界对天外的肯定，对天外全体师生的肯定。

从学校内部来看，天外实行的小班化教学，是为了让每个孩子都能得到更多的关注和发展，更加适应现代人才的培养方式。每每看见孩子们在校园中快乐自由地成长，我的心中便生出无限欢喜。一直以来，我相信，每一个进入天外的孩子都能成长为谦谦君子或文雅淑女，都能在天外这个小天地中，获得走向世界的素养与能力。我一直期盼着，再过二三十年，从天外走出去的孩子，一个个成长为促进社会发展的中坚力量，在实现自我价值的同时造福于社会。天外学子们在各项比赛中获得的优异成绩，让我更加确信这一天的到来，让我更加坚信他们的未来是美好而广阔的。是的，天外学子是优秀的，也是不断追求卓越的！

“和雅君子，世界公民”是天外学子的标签，从他们踏入天外的那一刻起，在他们的人生之旅中，将永远带着这一目标前行。

教育是面向未来的事业，是立德树人的事业，也是社会获得永续发展不竭的动力之一。如此重要而伟大的事业，也就要求每一位教育者都必须拥有一颗赤诚之心、奉献之心，唯有如此，才能让一所学校更好地服务于社会。

6 年的时间，对一所学校而言，或许还过于短暂，但我们立足天河的目标已经达成，在接下来的岁月里，天外将继续保持建校时的初心，将学校打造成全广州甚至全省乃至全国的教育品牌。

时间的流逝似乎总是不露痕迹，又分明让人继续向前。天外的校歌《天外天》如此唱道：“遥远有多远，遥远就在眼前；未来何时来，未来已在手中。天外天，天无边，精彩不是绽放的瞬间；天外天，心无边，世界就在我心间。”不忘初心，需要我们时时回顾初心，走过一段路程之后，也可稍作停留，看看来时走过的路，整好新装，更好地前行，这也是我撰写这本书的原意所在。回望，是对以往所有努力的总结与告别，也是开启新旅程的起点。

感谢在本书撰写过程中，给予关心与支持的所有人，感谢天外全体师生的努力与坚持，因为你们用行动创造了传奇，才让我们有了共同的生命印记。在撰写过程中，马丽娟书记、霍志刚副校长、陈迪副校长、刘娟主任、曾文锦主任、罗敏娇主任、於发广主任、朱云志书记、江小宇主任、王官亮主任、何石磊主任等，在资料收集、图片提供、校对修改中做了大量工作，在此表示衷心的感谢，同时一并感谢华南师范大学的吴宏超教授、谢光灵教授等对本书撰写进行的指导和帮助。期待在绵长的岁月里，我们一起传唱《天外天》，一起书写出更多关于天外的传奇故事。

崔海友

2017 年 9 月 13 日

附录

FULU

学校大事记

2012 年 3 月底，经天河区教育局局长办公会议研究决定，成立广州市天河外国语学校筹备工作小组。任命崔海友同志为组长，霍志刚同志为副组长，陈迪、刘娟、罗敏娇为筹备小组成员。

2012 年 4 月 16 日，广州市教育局批复同意开办广州市天河外国语学校。

2012 年 4 月 28 日，我校启动初一招生宣传及招生考试工作。

2012 年 5 月 8 日，天河区政府第 11 次常务会议决定：同意将广州市第四十七中学五山校区初中部教学楼作为天河外国语学校的过渡场地。

2012 年 8 月，我校成立第一届领导班子：校长崔海友、书记马丽娟、副校长霍志刚。

2012 年 9 月 2 日，我校在广州市第四十七中学举行第一届开学典礼。第一批教师共 27 名，初一新生共 153 名。

2013 年 12 月 27 日，我校被广州市教育局认定为公办外国语特色学校。

2014 年 5 月，我校被评为广州市天河区义务教育阶段特色学校。

2014 年 7 月 12 日，我校整体搬迁至渔沙坦校区(广州市天河区华美路 63 号)。

2015 年 4 月，我校“和雅”特色课程通过广州市普通高中重点立项特色课程。

2015 年 7 月，我校第一届初三毕业班以 734.69 分勇夺广州市中考桂冠。同年，高中部开始招生，第一届高一录取分数线为 699 分，招收新生 156 名，实现高中高位起步的设想。

2015 年 7 月，我校成为中国大学先修课程 CAP 项目学校。

2015 年 8 月 25 日，我校整体回迁至珠江新城校区(广州市天河区海乐路 9 号)。9 月 1 日上午，“筑梦天外　扬帆远航”广州市天河外国语学校珠江新城校区启用暨开学典礼在珠江新城校区隆重举行。

2015 年 12 月，我校获得北京大学考试研究院认可，成为 AC 中国大学先修课程试点项目学校。

2016 年 1 月 12 日，我校与暨南大学正式签署共建暨南大学优质生源基地协议。

2016 年 1 月 18 日，我校成为华南理工大学优质生源基地。

2016 年 1 月 29 日，我校成为华南师范大学优质生源基地。

2016 年 2 月 21 日，我校举行与广东外语外贸大学课程共建签约暨优质生源基地揭牌仪式。

2016 年 7 月，我校第二届初三毕业班以 740.5 分蝉联广州市中考第一名。同年，高一录取分数线为 711 分，招收新生 180 名。

2017 年 3 月，我校成为中国科技大学推荐生学校。

2017 年 7 月，我校第三届初三毕业班以 729.8 分实现广州市中考三连冠。同年，高一录取分数线为 707 分，招收新生 180 名。

2017 年 8 月，我校成为西南政法大学优质生源基地。

2017 年 9 月，我校被广州市人民政府授予“先进单位”。